Lonely planet

LO MEJOR · VIDA LOCAL · GUÍA PRÁCTICA

BURDEOS

DE CERCA

NICOLA WILLIAMS

Vino de Burdeos (p. 129).
JUSTIN FOULKES/LONELY PLANET ©

Sumario

Puesta a punto 4

Bienvenidos a Burdeos

Un cóctel embriagador de *savoir-faire* del s. XVIII, tecnología punta y vida urbana, Burdeos es uno de los destinos más emocionantes de Europa. Su elegante casco antiguo es el mayor lugar urbano del mundo declarado Patrimonio Mundial por la Unesco, su ribera está de moda y los viñedos rodean un destino perfecto para un fin de semana inmerso en la cultura vinícola francesa."

Río Garona, Burdeos.
SAIKO3P/SHUTTERSTOCK ©

Las mejores experiencias

Encuentro con lo sagrado en la catedral de Saint-André (p. 42)

LEONID ANDRONOV/SHUTTERSTOCK ©

HEMIS/ALAMY STOCK PHOTO ©

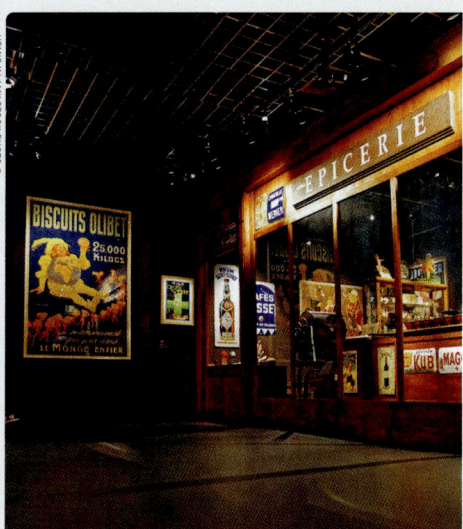

Descubrir la historia de la ciudad en el Musée d'Aquitaine (p. 44)

Admirar la elegancia de Burdeos en la Place de la Bourse (p. 46)

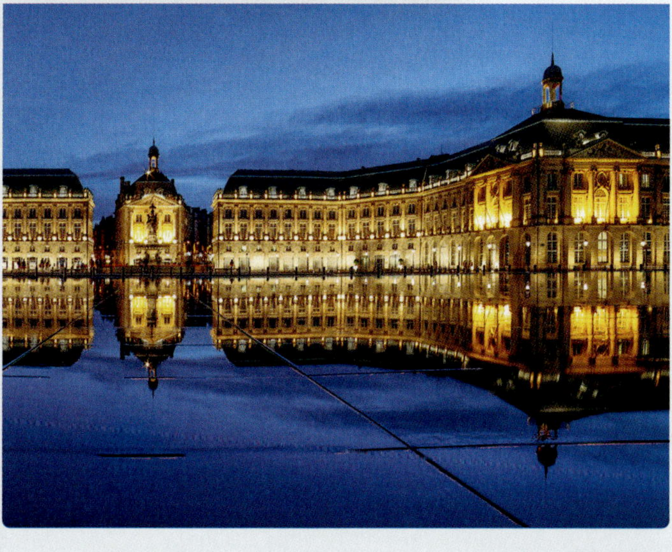

WWW.CHRISTOPHEFAUGERE.COM/GETTY IMAGES ©

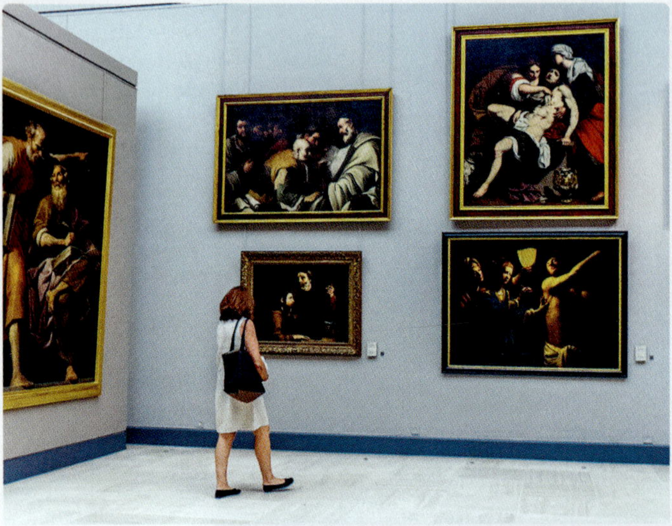

DIRECTPHOTO COLLECTION/ALAMY STOCK PHOTO ©

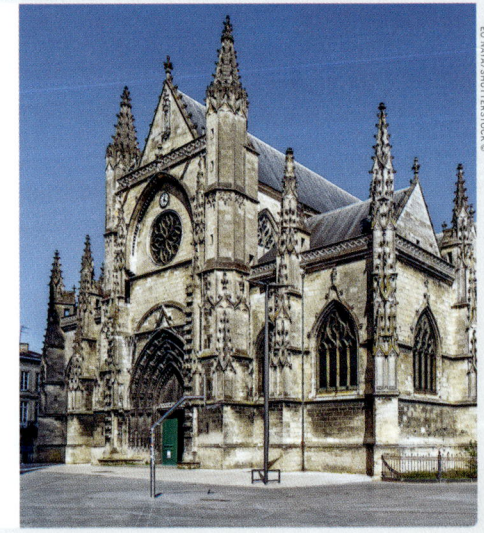

Conocer a la primera artista rebelde de Burdeos en el Musée des Beaux-Arts **(p. 48)**

EO NAYA/SHUTTERSTOCK ©

Embobarse con los vitrales de la basílica de Saint-Michel **(p. 76)**

Seguir a antiguos peregrinos hasta la basílica de Saint-Seurin (p. 96)

Aprender sobre vino en la Cité du Vin (p. 114)

SYLVIROBL/SHUTTERSTOCK © ARCHITECT XTU ARCHITECTS

Sumergirse en el arte de Bassins des Lumières (p. 116)

Dónde comer

*El Burdeos gourmet prepara
platos excelentes, maridados
con excepcionales vinos locales.
Atemporales iconos gastronómicos
en Saint-Pierre y la maraña de calles
peatonales de Saint-Paul combinan
con las nuevas inauguraciones
en Saint-Seurin y Fondaudège.
Restaurantes ribereños orlan
Quai des Chartrons.*

Bistrós y 'brasseries'

En la gastronómica Burdeos se puede comer en cafés, restaurantes, bares, etc. Pero para *cuisine à la bordelaise,* según las recetas familiares de siempre o con el toque de un chef con estrella Michelin, hay que ir a bistrós y *brasseries.* Los primeros suelen ser restaurantes pequeños e informales con una carta corta de apetitosos platos caseros, con clásicos como *lamproie à la bordelaise* (estofado de lamprea) y *entrecôte à la bordelaise* (entrecot en salsa de vino tinto). Las *brasseries,* un incondicional en cualquier ciudad francesa, abren cada día y suelen tener una terraza amplia.

'Épiceries' y 'bars à vins'

Comer en las *épiceries* (tiendas de comestibles), que exponen productos de la región, se lleva mucho en Burdeos: se puede comprar lo más fresco en la tienda de delante y comer en la parte de atrás. Los mismos productos frescos, de granjas próximas o de sus ríos y lagos, también colman las tablas y tapas *gourmet* en muchos *bars à vins* (bares de vinos) de la ciudad.

La mejor cocina tradicional francesa

La Tupina Platos bordeleses, algunos a la brasa. (en la foto; p. 85)

Au Bistrot Cocina de proximidad, de temporada y tradicional cerca del mercado de los Capuchinos. (p. 85)

Le Bouchon Bordelais Caracoles guisados y comida de bistró. (p. 60)

Le Petit Commerce Pescado y marisco clásicos. (p. 62)

IMAGE PROFESSIONALS GMBH/ALAMY STOCK PHOTO ©

Les Halles de Bacalan Cocina tradicional francesa en un mercado que está de moda. (p. 126)

Bistro Cheverus Un *bistrot de quartier* (bistró de barrio) moderno por antonomasia. (p. 58)

La mejor cocina moderna francesa

Ressources Homenaje gastronómico a los productos locales y estacionales. (p. 104)

Mets Mots Propuestas creativas de neobistró en Saint-Seurin. (p. 105)

Le Davoli Cocina *gourmet* con el chef David Grangler en Saint-Pierre. (p. 61)

Zéphirine *Épicerie* gastronómica en Fondaudège. (p. 104)

Les Belles Perdrix Exquisita cocina moderna francesa en un viñedo de Saint-Émilion. (p. 111)

El mejor 'brunch' de fin de semana

Au Couvent Encanto *vintage* en una calleja de Chartrons. (p. 126)

Magasin Général El primer lugar de *brunch* en la inquieta margen derecha. (p. 93)

Le Gabriel *Brunch* familiar sofisticado en la place de la Bourse. (p. 62)

Contrast Generosos desayunos y *brunches* todo el día. (p. 60)

Horace Insuperable: *brunch* y un café de primera. (p. 61)

Webs gastronómicas

Consúltese la agenda semanal de la ciudad en **Bouger à Bordeaux** (bougerabordeaux. com). El mapa interactivo de **Bordeaux Local** (bordeauxlocal.fr/je-consomme-local) recoge restaurantes, ostrerías y bodegas con cocina de proximidad.

De bares

Burdeos da mucha importancia a la bebida, ya sea tomando un excelente vino de añada en un bar à vin, un cacolac (batido de cacao que se hace en Burdeos desde 1954) en un café o una cerveza Darwin local en un hangar industrial. El medieval barrio de Saint-Pierre está lleno de evocadores cafés con terraza, igual que los muelles de Chartrons.

Aperitivos

No hay mejor tradición francesa para beber, ni tan sacrosanta, como el *apéritif*, la bebida ritual en buena compañía antes de almorzar o cenar. Las terrazas soleadas de Burdeos se diseñaron pensando en él, y tomar una copa de espumoso Crémant de Bordeaux o de Li-llet rosé (aromatizado rosado local) es algo muy bordelés.

'Pubs', bares y discotecas

La línea entre ir a tomar algo y salir de fiesta a menudo no existe; una cafetería tranquila a media tarde podría ofrecer sets de DJ y baileteo por la noche. Lo que sí es cierto es que en una ciudad estudiantil como Burdeos se puede beber en muchos sitios, desde el café-bar tradicional de barrio a la coctelería o cafetería más vanguardistas. Los *pubs* abren de 15.00 a 2.00, los bares, de 19.00 a 1.00, y las discotecas, de 22.00 o 24.00 a 3.00 o 4.00 (ju-sa).

Concurridos lugares de fiesta

Las discotecas se concentran en Quai de Paludate, detrás de la estación de trenes. Hay que sumarse a los lugareños en **I.Boat** (p. 128) –a bordo o en tierra firme, en una *plage* (playa) en verano– o **La Guinguette de Blonde Venus** (p. 128) en el industrial pero molón Bacalan.

Los mejores cócteles

Symbiose Excepcionales cócteles de autor y comida exquisita. (p. 128)

Mazal Cócteles hechos con licores locales, y cocina franco-libanesa, hasta las 2.00. (p. 63)

JOAQUIN GOMEZ SASTRE/NURPHOTO VIA GETTY IMAGES ©

Frida Cenas maridadas con cócteles en un patio mediterráneo en el Burdeos medieval. (p. 64)

Ayawasca Cocktail Club Bar clandestino de Saint-Pierre que va más allá de sus límites. (p. 64)

Le Point Rouge Cócteles antes de salir de fiesta en una taberna clandestina en Quai de Paludate. (p. 87)

El mejor café

L'Alchimiste Cafetería cinco estrellas, con grano tostado en su central de Darwin, al otro lado del río. (p. 97)

Café Piha Cafetería colonial en Saint-Paul que tuesta los granos *in situ*. (p. 64)

Gusco La única tostadora y barista mujer de la ciudad sirve un café de primera en

una placita casi rural bajo los árboles. (p. 107)

La Pelle Café decente en Chartrons. (p. 131)

Las mejores terrazas

Le Gabriel Para enamorarse de su terraza en la emblemática Place de la Bourse. (p. 62)

L'Apollo Un *vintage* que mola en el Burdeos medieval. (en la foto; p. 66)

Utopia Una de las terrazas más animadas de Saint-Pierre en una antigua iglesia. (p. 65)

Opus 34 Café del teatro debajo de los plátanos de la Place Pierre Renaudel. (p. 87)

Le Brixton *Pub* junto al muelle, con una terraza que

se llena a partir de las 16.00. (p. 65)

Yacht Club Para socializar con *hipsters* en la azotea del Grand Hôtel de Bordeaux. (p. 66)

Gina Nuevo bar de azotea en los muelles que gusta mucho. (p. 130)

La mejor cerveza

My Beers Cervecería de nueva generación en la zona de bares de Quai Virginie Hériot. (p. 131)

Au Nouveau Monde El primer *pub* ecológico oficial de Francia. (p. 66)

Magasin Général Cerveza artesanal local y ecológica en La Bastide. (p. 93)

L'Atelier Bière Para que cada uno elabore su propia cerveza. (p. 88)

De compras

Salir de compras por esta ciudad es muy divertido y variado, ya sea en el mercado semanal, en exquisitas concept stores de preciosos objetos de regalo, o en diminutas boutiques de especias, de vinos o de ingeniosos portaparaguas inventados in situ para las tropecientas bicicletas de Burdeos.

Dónde comprar

La Rue Sainte-Catherine, la calle comercial peatonal más larga de Europa, comunica la Place de la Victoire y la Place de la Comédie; la **Galerie Bordelaise,** del s. XIX, está cerca. El Triangle d'Or ("Triángulo de Oro"), formado por el Cours Georges Clemenceau, el Cours de l'Intendance y las Allées de Tourny, está repleto de lujosas *boutiques* de moda. Las *boutiques* independientes y las tiendas de diseño de última tendencia se concentran en la Rue Saint-James, en el barrio de Saint-Pierre, y la Rue Notre-Dame, en Chartrons.

'Souvenirs'

Pocas ciudades son tan generosas en *souvenirs* como Burdeos. Aunque no todo el mundo podrá llevarse a casa cajas y cajas de vino –cualquier vinatería que se precie realiza envíos al extranjero–, hay otros *souvenirs* maravillosos "Made in Bordeaux". Obvios son los productos de alimentación, pero también hay *concept stores* con artículos para el hogar de exquisita factura y diseño local. La "gente *cool*" se pirra por la moda ética y los complementos de diseñadores bordeleses: sudaderas French Disorder, bolsos de Cocorico, zapatillas veganas de Zèta...

La mejor moda

Concrete Raw *Concept store* ecológica de moda sostenible y ética. (p. 134)

Vagabonde – Les Sisterettes Prendas y complementos para la mujer de diseñadores bordeleses y franceses. (p. 51)

Blue Madone Ropa *vintage* de marca para hombres y mujeres. (p. 68)

GABRIEL12/SHUTTERSTOCK ©

Archibald & Zoé Moda y enseres para el hogar hechos en Francia. (p. 71)

Bord'Eau Moda y complementos de grandes marcas a precios de *outlet*. (p. 135)

La mejor comida

Marché des Capucins Mercado de alimentación cubierto. (en la foto; p. 89)

Échoppe de la Lune Colmado con artículos de Burdeos y Aquitania. (p. 133)

Chocolaterie Saunion Chocolatero burgués desde 1893. (p. 68)

Chez Delphine Queso extraordinario. (p. 51)

Las mejores 'concept stores'

Concrete Raw Los productos de belleza, como cremas de piñones recogidos en Cap Ferret, triunfan en esta tienda ecológica ética. (p. 134)

Do You Speak Français? Bolsos modernos, camisetas y similares en Chartrons. (p. 134)

Mat Green Concept Artículos del hogar y *slow fashion* para hombres y mujeres. (p. 135)

Yvonne Bonito espacio de decoración y mucho más, delante de la basílica de Saint-Michel. (p. 91)

w.a.n. Templo del "slow design" artesano y hecho en Francia. (p. 73)

Persona Artículos para el hogar de elegancia natural y con alma escandinava. (p. 68)

Consejos

○ Si se va al mercado a comprar frutas, verduras, pan y demás hay que llevar el bolso o cesto propios.

○ Hay *soldes* (rebajas) dos veces al año: tres semanas en enero y en julio.

Cata de vinos

Ya sea en bars à vins *urbanos o en las rutas del vino que serpentean entre* châteaux *y aldeas de piedra marrón rojizo en las inmediaciones vinícolas de la ciudad, el vino es aquí una obsesión. Burdeos es uno de los mayores productores de Francia de vino de primera y la* dégustation *(cata) es clave para penetrar en su alma embriagadora.*

Cursos y talleres

Conocer los frutos de una cultura vinícola inmemorial es una experiencia que hay que saborear. Y para hacer eso se recomienda ir a L'École du Vin de Bordeaux (p. 58) y la Cité du Vin (p. 114), cuya agenda semanal incluye varios *ateliers* (talleres) de cata de vinos. Reservar es esencial.

Circuitos

En la oficina de turismo (p. 146) informan de excelentes circuitos y cruceros del vino por la ciudad y alrededores. Los hay de medio día o un día entero que combinan catas con ciclismo, en bicicleta normal o eléctrica, cruceros por el río y recorridos entre viñedos en un *buggy.* En otoño se puede participar en la vendimia.

Las mejores webs

Bordeaux Wine Trip (bordeauxwinetrip.com) El portal definitivo para planificar una ruta de enoturismo por Burdeos y alrededores.

Jane Anson: Inside Bordeaux (janeanson.com) La máxima autoridad en vinos de Burdeos. *Podcasts,* catas, reportajes y mucho más.

Vins de Bordeaux (bordeaux.com) Fuente enciclopédica sobre cómo catar, elegir y maridar los

Merece la pena

Disfrutar de un circuito guiado y catas en el **Château Les Carmes Haut Brion** (les-carmes-haut-brion.com), del s. XVI, con modernas bodegas y sala de catas diseñada por Philippe Starck; en el Hôtel de Ville hay que tomar un tranvía de la línea A hasta François Mitterrand, a 10 min a pie del *château.* Reservar es vital.

MINERVA STUDIO/SHUTTERSTOCK ©

burdeos; además, una inspirada lista de canciones del vino (Wine Tunes).

Los mejores maridajes

Bar à Vin Elegante bar de vinos, presidido por unos vitrales con un monumental Baco, el dios del vino. (p. 63)

Soif *Bistrot à vins* que marida cocina moderna con vinos naturales y ecológicos de productores artesanales. (p. 58)

Les Belles Perdrix Encantador restaurante con viñedos en los lindes de Saint-Émilion. Gastronomía francesa con estrella Michelin que casa con los *crus* que crecen en el *château*. (p. 111)

L'Envers du Décors Exquisita carta de bistró y vinos en Saint-Émilion. (p. 111)

Le 7 Restaurant Acompañar las vistas panorámicas con decenas de burdeos por copa en el restaurante del 7º piso de la Cité du Vin. (p. 127)

Las mejores catas

La Cité du Vin La nave nodriza de la cata de vinos en Burdeos. (p. 114)

Rustic Vines Mágicos circuitos de ciclismo con catas en los viñedos. (p. 58)

Les Furies Douces Vinos ecológicos de mujeres vitivinicultoras. (p. 133)

Nama Comparar los tintos de Burdeos con los del Nuevo Mundo en este bar franco-australiano. (p. 107)

Les Bateaux Bordelais Cruceros vespertinos con catas. (p. 126)

Las mejores tiendas

L'Intendant Con 15 000 vinos diferentes. (p. 67)

Émile & Marguerite *Boutique* especializada, para saber cómo se aromatizan licores artesanales con vino de Burdeos. (p. 69)

Cave Briau Cajas de seis o doce botellas de vinos de la región a precios de bodega o de *château*. (p. 108)

Fiestas y celebraciones

Burdeos celebra fiestas tradicionales y modernas a bombo y platillo (o sea, con mucha comida y diversión regada con vino) y para todos los gustos, ya sea el carnaval callejero de Mardi Gras, el maratón de la ciudad, La Nuit des Musées en mayo, cuando los museos cierran tarde por la noche, o la vendange (vendimia) en otoño.

Los mejores festivales gastronómicos y del vino

Bordeaux fête le vin (bordeaux-fete-le-vin.com) Cuatro días de fiesta del vino en junio con pabellones donde catar hasta 80 denominaciones de origen de Burdeos y de la región de Aquitania. Comida, música, veleros y un espectáculo nocturno con drones.

Fête du Vin Nouveau et de la Brocante Las castañas asadas y las catas del primer vino del año son los platos fuertes de esta fiesta de barrio que se celebra en octubre en el antiguo distrito vinícola de Chartrons.

Bordeaux Food Truck Festival A mediados de septiembre, veintitantos *food trucks* se instalan en el Parc Cazalet para celebrar un festival con comida callejera, DJ y diversión para toda la familia; a 30 min en el tranvía de la línea 4, de Place Pey Berland hasta Pessac.

Marathon des Châteaux du Médoc (en la foto; marathondumedoc.com) El mejor evento para los *runners* que disfrutan del vino: recorrer 42 km por el Médoc, repostando con un tinto en los viñedos y los *châteaux* vitivinícolas por el camino, en septiembre. Cualquiera puede sumarse al "paseo de recuperación" (10 km) por los viñedos del día siguiente.

Los mejores festivales de música

Bordeaux Rock (bordeaux rock.com) Cuatro días de *rock* en enero; bandas y músicos de fama internacional encabezan el cartel, junto a artistas bordeleses.

Diario digital

Consultar la agenda mensual en bordeaux -tourisme.com/agenda.html, que publica en línea la oficina de turismo de Burdeos.

GEORG BERG/ALAMY STOCK PHOTO ©

Festival International des Orgues (cathedra.fr) Los conciertos de órgano toman el escenario en la catedral de Saint-André en julio y agosto.

Festival Relâche (relache.fr) Festival itinerante de música al aire libre con conciertos, veladas musicales, DJ y demás eventos nocturnos de junio a agosto.

Climax Festival (climaxfestival.fr) Fantásticos conciertos, actos culturales y *skateboarding* en Darwin durante este festival de enfoque ecológico en septiembre. Programa conferencias sobre temas medioambientales y ecológicos, un cartel con artistas internacionales (*electro*, *hip hop*, pop, *indie*) y actuaciones de talla mundial.

Initial Festival (initialfestival.com) Tres escenarios lunares, más de 20 artistas internacionales y dos días de música electrónica animan este popular festival al aire libre a principios de septiembre.

Saint-Émilion Jazz Festival Encuentro íntimo de música y vino en uno de los pueblos vinícolas de mayor prestigio de la región. En mayo.

Los mejores acontecimientos gratis

Mardi Gras (carnavaldesdeuxrives.fr) A finales de febrero o principios de marzo, la ciudad se llena de pasacalles, conciertos, talleres de confección de vestuario y espectáculos de danza urbana. Que nadie se pierda la fiesta final en la Place Pey Berland.

Traversée de Bordeaux à la Nage (traverseedebordeaux.com) A mediados de junio, presenciar la zambullida de 500 nadadores en la orilla izquierda del río Garona para nadar los 1,7 km hasta la orilla derecha, que se celebra desde 1939.

Bordeaux Open Air (bordeauxopenair.fr) Conciertos gratis en calles, playas y parques cada domingo (med jun-fin sep).

Día de la Bastilla Fuegos artificiales gratis en la Place de la Bourse para celebrar con el resto del país la toma de la Bastilla en París el 14 de julio de 1789.

Marché de Noël Curiosear, con un *vin chaud* (vino caliente) en la mano, los puestos de artesanías en el mercado navideño de diciembre.

Arte
que atrapa

Los estetas se pondrán las botas en la elegante Burdeos, donde aguardan infinidad de tesoros. El principal museo de arte de la ciudad, el Musée des Beaux-Arts, es un punto de partida obvio, pero también hay que reservarse tiempo para conocer las interesantes salas de arte alternativo de la ciudad.

Museos y galerías

Aquí hay desde tradicionales museos de bellas artes en *hôtels particuliers* (mansiones privadas) del s. XVIII a galerías de arte contemporáneo en cualquier espacio imaginable: *château*, almacén colonial, garaje... La entrada cuesta de 0 a 5 € por adulto, más si hay exposiciones temporales. Conviene estar atentos a la **Nuit Européenne des Musées** de mayo, cuando los museos cierran tarde o abren toda la noche.

Arte en la calle

El arte urbano está muy vivo en Burdeos, donde los artistas urbanos se expresan en los murales del barrio de Chartrons. Le M.U.R. es una pared de 35 m² que el famoso artista francés del esténcil Jef Aérosol estarció por primera vez en el 2014, y sobre la que se pinta cada mes una nueva y llamativa obra. También pueden buscarse obras del artista bordelés Jean-Luc Feugeas; la oficina de turismo (p. 146) ofrece paseos por el arte urbano (en francés).

Festivales de arte

Los bordeleses celebran su rico patrimonio artístico con festivales que permiten ver y sentir las obras de arte nuevas y las permanentes. El **Festival International des Arts** (fab.festivalbordeaux.com), apodado FAB, en octubre, es una cita clave en la agenda. Cada septiembre, decenas de artistas urbanos y grafiteros actúan en directo durante tres días en **Shake Well** (shakewellfest.com).

CAPTAINTAPAS/WIKIPEDIA/CC BY-SA 3.0 ©

Los mejores museos y galerías

Musée des Beaux-Arts Para repasar el arte occidental desde el Renacimiento hasta mediados del s. xx. (p. 48)

Musée d'Art Contemporain Fantástico arte contemporáneo en una nave de 1824 donde antaño se almacenaban las mercancías de las colonias francesas. (en la foto; p. 123)

Institut Culturel Bernard Magrez Inspirado centro cultural con arte contemporáneo en un *château* del s. xix. (p. 101)

Galerie des Beaux-Arts Exposiciones temporales, a menudo interactivas, en el anejo del Museo de Bellas Artes. (p. 49)

El mejor arte alternativo

Les Vivres de l'Art Conocer a los artistas actuales en esta alternativa incubadora de arte. (p. 123)

Bassins des Lumières Arte digital en un búnker de la II Guerra Mundial. (p. 116)

Miroir d'Eau Presenta la mejor cara del arte interactivo: para refrescarse descalzos en la piscina reflectante más grande del mundo. (p. 56)

David Selor (selor-art.fr) Seguir el rastro del personaje antropomorfo del artista urbano más prolífico de Burdeos entre edificios abandonados de Quai de Paludate.

Étude sur la Nature des Choses Conocer esta serie escultórica de un dúo artístico que juega con los elementos (agua, luz y aire). (p. 84)

Museos a precio reducido

La **Bordeaux City Pass** (bordeauxcitypass. com) incluye la entrada a los principales museos de arte.

Turismo responsable

Experiencias positivas, sostenibles y para sentirse bien en la ciudad.

Apoyar a los bordeleses

Bordeaux Local (bordeaux local.fr) Buscar los cafés, bares y restaurantes con el logotipo *Pensons local, Vivons Bordeaux* de la organización Bordeaux Local, para favorecer a los productores de la región. En la web están los locales que participan.

Surf Rider (surfrider.org) Fundación que trabaja con los bares, restaurantes y cafés "respetuosos con el océano" para reducir los plásticos de un solo uso.

Collectif des Boutiques – Made in France (collectif boutiquesmif.fr) Comprar regalos artesanos para llevarlos a casa como obsequio. Hay que buscar las tiendas independientes afiliadas a la iniciativa "Collectif des Boutiques".

Dejar una huella limpia

Vert Bordeaux (vertbor deaux.fr) Participar en un circuito guiado sostenible.

Too Good to Go (toogood togo.com) Apoyar a la brigada "anti-gaspi" (*anti-gaspillage* o "antidesperdicio de alimentos") de Burdeos: comprar el excedente de comida en restaurantes, cafés y supermercados adheridos a la red.

Boxeaty (boxeaty.fr) Se calcula que en el sector de la comida rápida de Burdeos se tiran entre seis y nueve toneladas diarias de envases de un solo uso. De comprar comida para llevar, se recomienda hacerlo en restaurantes y establecimientos que utilizan envases de vidrio retornables Boxeaty.

Bebidas locales

En lugar de bebidas de grandes marcas, óptese por los refrescos artesanos "hechos en Burdeos", como la tónica de genciana y bayas de enebro o de jengibre de la Distillerie Archibald (archibald-distillations.com) de Darwin o los zumos ecológicos de Unaju (manufacture bordeaux.com).

GOODLUZ/SHUTTERSTOCK ©

Comer alimentos de proximidad Elegir restaurantes como **Les Récoltants** (los cosechadores; lesre coltants.fr), **Ressources** (restaurantressources.com), **Casa Gaïa** (casagaia.fr) y **Zéphirine** (zephirine.fr).

Veja Darwin (darwin. camp) Arreglar y dar una nueva vida a esas zapatillas gastadas –de cualquier marca– en la tienda Veja del ecocampus Darwin en La Bastide. Si el zapatero no puede arreglarlas, hay un gigantesco contenedor de calzado para reciclarlas.

Ayudar a la comunidad

Voluntariado Echar una mano en los muchos *jardins partagés* (huertos comunitarios) de Burdeos, lo agradecerán. Para asociaciones

y organizaciones benéficas que buscan voluntarios, consúltese associations. bordeaux.fr.

Wanted Community (fb. com/wantedcommunity) Comunidad en línea de Facebook de ayuda mutua (para comprar, vender, compartir/pedir consejo, anunciar ofertas de trabajo, etc.) que empezó en Burdeos.

Para saber más

Informarse Enfrentarse al lado más oscuro de la historia de Burdeos en el **Musée d'Aquitaine** (musee-aquitaine-bordeaux.fr) y conocer el papel de la ciudad en el comercio triangular de personas esclavizadas entre 1672 y 1837.

Granjas urbanas Planear una visita para conocer mejor la agricultura acua-

pónica y su contribución a la gastronomía local en **Les Nouvelles Fermes** (lesnouvellesfermes.com), dos granjas hermanadas pioneras en Lormont y Mérignac, a las afueras de la ciudad.

Más allá de la cata de vinos No basta con beberse unos burdeos; hay que descubrir su historia, sus tradiciones y los retos modernos que plantea el cambio climático en la **Cité du Vin** (laciteduvin.com). E implicarse más y participar en la *vendange* (vendimia) de septiembre, comer con un *vigneron* (vinicultor) y conocer la viticultura ecológica, la flora y la fauna en un paseo guiado por los viñedos del **Château St-Ferdinand** (chateau-st-ferdinand.com).

Comienza el espectáculo

La oferta de espectáculos es muy amplia, desde ópera y ballet clásicos en el histórico Grand Théâtre a música clásica en L'Auditorium y arte y actos culturales en salas alternativas. En bares, discotecas y barcazas ribereñas suenan músicas del mundo como mínimo del jueves al sábado por la noche.

HEMIS/ALAMY STOCK PHOTO ©

Qué hay

Estar al día de los actos culturales, conciertos y eventos del mes con **Sortir** (sortirabordeaux.fr) y **Bordeaux Concerts** (bdxc.fr).

La mejor música en directo

La Guinguette Chez Alriq Conciertos en la margen derecha del río. (p. 93)

I.Boat Descubrir el talento local, regional y francés a flote en los muelles. (p. 128)

Rock School Barbey Esta escuela de *rock* programa prometedoras bandas *indie* francesas e internacionales. (en la foto; p. 89)

Le Fiacre Sala de conciertos y de copas en Saint-Pierre. (p. 67)

Grand Théâtre Teatro del s. XVIII para óperas, *ballets* y conciertos. (p. 67)

L'Auditorium Principal sala de conciertos para géneros variados (clásica, *jazz*, música del mundo). (p. 108)

Las mejores salas alternativas

Bassins des Lumières Conciertos espectaculares en un búnker submarino de la II Guerra Mundial. (p. 116)

Les Vivres de l'Art Conciertos y veladas culturales en una residencia de artistas. (p. 123)

Le Garage Moderne Garaje de día; tentador espacio cultural de noche. (p. 123)

La Grande Poste Dinámico centro cultural, escenario y espacio para comer/beber en una oficina *art déco* del moderno Saint-Seurin. (p. 108)

Bandas de relumbrón

Hay que comprar las entradas con meses de antelación para los conciertos de bandas internacionales en el deslumbrante **Arkéa Arena** (arkeaarena.com), o Grand Arena Bordeaux, 5 km al sur del centro.

Mantenerse activos en Burdeos

ANDREAS KRUMWIEDE/SHUTTERSTOCK ©

Ya sea haciendo jogging *junto al río, practicando un* flip-kick *en parques de skate en Chartrons y el Hangar Darwin de la margen derecha, participando en un curso de cocina o navegando en barco por el turbio Garona, los bordeleses son gente muy activa y aprovechan al máximo su envidiable marco ribereño.*

Las mejores aventuras al aire libre

Miroir d'Eau Indispensable en Burdeos: chapotear descalzos en esta emblemática piscina reflectante. ¡No solo para niños! (p. 56)

Rustic Vines Explorar los viñedos en bicicleta con un guía; la oficina de turismo también organiza salidas guiadas en bici. (p. 58)

Skate Parc des Chartrons *Skate* junto al río. (p. 119)

Promenade des Remparts Pasear bajo los plátanos centenarios de un pequeño parque que hay en un corto tramo de las antiguas murallas de la ciudad. (p. 83)

Jardin Public Jardín botánico y parque del s. XVIII. (p. 103)

Lac de Bordeaux Tomar el tranvía de la línea C hasta "Berges du Lac" –playa de verano de Burdeos–, donde bañarse, salir en kayak y practicar otros deportes acuáticos (jul y ago). (en la foto)

Las mejores actividades en el interior

Piscine Judaïque Nadar en una piscina *art déco* que abrió en 1936. (p. 102)

Hangar Darwin Espacio urbano para practicar con el *skate* en un viejo hangar.

Persona Talleres de artesanías para niños en una *concept store.* (p. 68)

Le Goût du Papier Manualidades con papel. (p. 109)

CAP Sciences Talleres de astronomía, cine, química ecológica y fotografía. (p. 125)

Merece la pena

Intentar pescar algo desde un *carrelet* (cabaña de pesca sobre pilotes) de **Échappées Nature** (portvitrezay.com), a 1 h en coche de Burdeos, en la orilla derecha del estuario de Gironda.

Para niños

Con sus llanos muelles ribereños aparentemente interminables, y sus muchas torres por escalar y museos por descubrir, Burdeos es una ciudad maravillosa para explorar en familia, ya sea con niños pequeños que necesitan quemar energía o con adolescentes expertos en tecnología.

ISRAEL HERVAS BENGOCHEA/SHUTTERSTOCK ©

Las mejores salidas por la historia y la ciencia

Tour Pey Berland Subir el campanario de la catedral ayuda a quemar energía. (en la foto; p. 56)

CAP Sciences Robótica, arte digital, astrología: las mejores exposiciones y talleres en el museo de la ciencia de Burdeos (para edades de 3 a 18 años). (p. 125)

Musée d'Aquitaine Curioso museo de historia (a partir de seis años). (p. 44)

Musée Mer Marine El lugar para jóvenes navegantes y potenciales piratas. (p. 124)

La mejor diversión para un día de lluvia

Bassins des Lumières El espacio de la II Guerra Mundial –un búnker para submarinos– y las exposiciones de arte digital son fascinantes (a partir de seis años). (p. 116)

La Cité du Vin Los niños pueden visitar el mundo interactivo del vino con su propio "compañero digital", y tomar un zumo ecológico de uva como colofón (a partir de 8 años). (p. 114)

Hangar Darwin Alquilar un monopatín en el parque de *skate* de Burdeos. Arte urbano y reciclaje de zapatillas para adolescentes.

Magasin Général El restaurante ecológico más grande de Francia, con mesa de *ping-pong* y futbolín, y un "parque infantil". (p. 93)

Labo&Gato Clases prácticas de pastelería. (p. 83)

Le Garage Moderne Para mecánicos en ciernes y entusiastas de los coches. (p. 123)

Recorrer la ciudad en bici

Aquí el ciclismo pesa mucho, con carriles bici seguros y suaves que orillan el río y otros lugares. **Pierre qui Roule** (pierrequiroule.fr) alquila bicicletas infantiles y también patines en línea.

Otra cara de Burdeos

Cuando ya se han visitado los principales museos, monumentos y puntos de interés de Burdeos, esta próspera y dinámica metrópoli esconde un inacabable alijo de curiosidades inesperadas, barrios menos visitados y experiencias alternativas lejos de la ruta turística.

JEANLUCICHARD/SHUTTERSTOCK ©

El mejor arte alternativo

Mapas de barrio en 3D Fijarse en los detallados mapas en 3D esculpidos en bronce por el artista local François Didier delante de la Cité du Vin en Quai de Bacalan, la Place Pey-Berland, la Place de la Comédie y la Place du Palais.

Arc-en-Ciel Embobarse con el curvilíneo "Arcoíris" de Bernard Buhler, una joya de la arquitectura moderna bordelesa en el poco visitado barrio de Grand Parc.

Bordeaux Greeters (bordeaux-greeters.fr) Conocer a un lugareño y dejarse guiar por el escondido arte urbano, por un barrio inadvertido... o ambos.

Los mejores espacios verdes silvestres

Parc Floral Descubrir 96 variedades de uva de vides silvestres de todo el mundo, 500 tipos de rosas, peonías (may), orquídeas silvestres e iris (abr-may) en esta reserva ecológica protegida, al norte de la ciudad (línea C del tranvía). (en la foto)

Bois de Bordeaux Disfrutar de 6 km de senderos en 130 Ha de bosque intacto, plantado en la década de 1970 junto a un lago artificial. Para ver galápagos europeos (tortuga), garzas imperiales y alcaudones dorsirrojos.

Placette Billaudel Descubrir el primero de los seis microbosques de la ciudad, ampliado en el 2023 con un mural en el suelo de motivos vegetales del colectivo bordelés de arte urbano Royal Béton.

Vino sorpresa

Los curiosos por el vino pueden disfrutar de una soberbia cata a ciegas en **Blind,** un restaurante donde los comensales escogen los platos de cocina contemporánea del suroeste, pero dejan a los creativos sumilleres el maridaje con vinos sorpresa (ecológico o biodinámico).

LGTBIQ+

La escena lésbica de Burdeos no es tan visible como la masculina gay y se reduce a cafés y bares de mujeres. La estudiantil Burdeos disfruta de una dinámica oferta para gais y lesbianas, pero en los pueblos vitivinícolas aledaños suelen ser más conservadores.

Desfile del Orgullo

En junio, miles de asistentes celebran la fiesta del Orgullo de la ciudad desde 1996. En el **Marche des Fiertés,** que abre la fiesta, 6000 personas desfilan, cantan y bailan desde la Place de la République hasta la Place de la Victoire. Y después, en Pride Village, empieza la fiesta de verdad.

Las mejores fuentes

Wake Up! (assowakeup. org) Asociación con sede en Burdeos para estudiantes gais, lesbianas, bisexuales y transgénero; información sobre dónde ir y qué hacer.

Bordelle (facebook.com/ asso.bordelle) Portal local *queer:* fiestas organizadas, *soirées,* conciertos y demás.

Trans 3.0 (facebook.com/ trans30) Información y apoyo al colectivo trans, líneas directas mensuales, sesiones de cine y eventos.

Los mejores bares y discotecas

Coco Loko (facebook.com/ CocoLokoBar) La fiesta nunca para en este bar LGTBIQ+, que abre cada día hasta las 2.00, cerca de la catedral.

Ultra Klubs (facebook. com/ultraklubs) La mayor discoteca de Burdeos, frecuentada por gais, lo peta de medianoche a 6.00 o 7.00 (vi-do).

Bar Lounge A2 (facebook. com/lebarA2) Con Alexandra y Agnès en la barra, todo el mundo es bienvenido en esta coctelería llevada por mujeres y frecuentada por lesbianas.

Mercados

Son la manera más genuina de conocer los sabores bordeleses de temporada y de codearse con los lugareños. En primavera, con su plétora de alimentos y de nuevos colores –zanahorias baby y espárragos, fresas, ruibarbo rosa y frambuesas– son especialmente bonitos.

KATEAFTER/SHUTTERSTOCK ©

Tradición de mercado

Burdeos cuenta con una arraigada tradición de mercados. El principal mercado de alimentos, apodado *la ventre de Bordeaux* (vientre de Burdeos), en Capucins, existe desde el s. XIV. Los mercadillos de antigüedades y rastros –*brocantes* en francés– son un plato fuerte en Saint-Michel.

Los mejores mercados

Marché des Capucins El principal mercado cubierto de alimentos, desde hace siglos. (p. 89)

Marché Neuf De todo un poco –ropa, cubos, mercería, cazuelas de barro, alfombras, etc.– cada lunes por la mañana en Saint-Michel. (p. 77)

Brocante du Dimanche Antigüedades, curiosidades *vintage* y baratijas en el rastro del domingo por la mañana en Saint-Michel. (en la foto; p. 91)

Marché des Bouquinistes Mercadillo de libros de viejo, dos veces por semana, junto a la catedral. (p. 73)

Las mejores comidas

Chez Jean-Mi Sublime local del mercado para ostras y marisco. (p. 85)

Les Halles de Bacalan "Mercado" cubierto con decenas de puestos, al cruzar la calle desde la Cité du Vin. (p. 126)

Les Broc's Híbrido de bistró, café con terraza y comercio de artículos de ocasión en Saint-Michel. (p. 88)

Brocante des Quinconces

Se recibe a la primavera y al verano con un enorme *brocante* (rastro; bordeauxquinconces.com) que ocupa la Esplanade des Quinconces durante dos semanas en abril y en noviembre. Conciertos, catas y actos culturales amenizan los quince días de euforia por el mercado.

Cuatro días perfectos

Día 1

AGEFOTOSTOCK/ALAMY STOCK PHOTO ©

Empezar en la **Tour Pey Berland** (en la foto; p. 56) para ver la ciudad desde arriba. Entrar a la **catedral de Saint-André** (p. 42), y después ir al **Musée des Beaux-Arts** (p. 48) para ver obras de artistas bordeleses y relajarse en el parque.

Después de comer, sumergirse en un pasado remoto en la **basílica de Saint-Seurin** (p. 148) y su **yacimiento arqueológico** (p. 101). Visitar el **Palais Gallien** (p. 102) y pasear por el cercano parque de la ciudad, **Jardin Public** (p. 103). Ir hasta los muelles para una exposición inmersiva en los **Bassins des Lumières** (p. 116) y después, unas copas en la playa y jugar a la *pétanque* en **Effet Mer** (p. 128).

Tras cenar, una copa en el chic **Yacht Club** (p. 66) de azotea es ya un rito iniciático bordelés.

Día 2

EQ NAYA/SHUTTERSTOCK ©

Comenzar el día en la arbolada Esplanade des Quinconces: entrar a **L'Intendant** (p. 67) para admirar su alijo de vinos. Salir de tiendas por el Triangle d'Or.

Por la tarde, se va al norte hasta **Pavé des Chartrons** (en la foto; p. 124), flanqueada por casas señoriales del s. XVIII. Y seguir hacia el norte por la Rue Notre Dame, curioseando en sus *boutiques* y talleres de artistas. Visitar el **Musée du Vin et du Négoce** (p. 122) o el **Musée d'Art Contemporain** (p. 123). Terminar en el museo insignia de Burdeos (2 h mín.), la **Cité du Vin** (p. 146).

Disfrutar de un *apéro* con vistas a la ciudad en **Gina** (p. 130) y cenar con maridaje de cócteles en **Symbiose** (p. 128). Bailar en **I.Boat** (p. 128), una barcaza retirada de servicio.

Día 3

JUAN GARCIA HINOJOSA/SHUTTERSTOCK ©

Acercarse al **Marché des Ca-pucins** (p. 89) para desayunar ostras y vino blanco en **Chez Jean-Mi** (p. 85). Deambular entre los puestos de productos locales; plantearse un almuerzo en **Au Bistrot** (p. 85).

Por la tarde, embelesarse en la **basílica de Saint-Michel** (p. 76) y pasear entre sus anticuarios; beber y comprar en **Les Broc's** (p. 88). Ir al sur callejeando hasta la inadvertida **iglesia de Sainte-Croix** (en la foto; p. 82), con su fachada románica de bella labra y las terrazas al sol de la tarde.

Cenar a la bordelesa en **La Tupina** (p. 85), y tomarse unos cócteles en **Le Point Rouge** (p. 87) y bailar en **La Plage** (p. 89).

Día 4

ED NAYA/SHUTTERSTOCK ©

Pasear por la historia de Burdeos en el **Musée d'Aquitaine** (p. 44) y admirar el **Grosse Cloche** de San Pedro (en la foto; p. 56). Fisgar en las *boutiques* de la moderna Rue Saint-James y observar a la gente en place Fernand Lafargue.

Explorar Saint-Pierre, sin olvidarse de la **Porte Cailhau** (p. 56) y la **iglesia de Saint-Pierre** (p. 56). Comprar un helado en **La Maison du Glacier** (p. 63) y visitar el **Musée National des Douanes** (p. 47). Divertirse con los chorros de niebla del **Miroir d'Eau** (p. 56).

Esta noche toca pasarla en la orilla derecha: admirar el arte urbano, comprar zapatillas veganas Veja y beber cervezas artesanas en **Magasin Général** (p. 93). Bailar en el ribereño **La Guinguette Chez Alriq** (p. 93).

Lo esencial

Para más información, véase la 'Guía práctica' (p. 141).

Población
1,1 millones
de habitantes

Moneda
Euro (€)

Idioma
Francés

Visados
Los viajeros
de 62 países
extracomunitarios
no necesitan visado
para estancias de
hasta 90 días.

Dinero
Hay cajeros
automáticos en el
aeropuerto, estación
de trenes y en cada
esquina. Aceptan Visa,
MasterCard y Amex en
muchos sitios.

Teléfonos móviles
Los teléfonos europeos.

Hora local
Hora central europea
(GMT/UTC + 1 h)

Presupuesto diario

Económico: menos de 150 €

Dormitorio colectivo: 35 €

Habitación doble en hotel económico: 120 €

Entrada a muchas atracciones el primer domingo de mes: gratis

Menú almuerzo: menos de 20 €

Precio medio: 150-220 €

Doble en hotel de precio medio: 120-180 €

Menú almuerzo en restaurantes *gourmet:* 20-40 €

Copa de vino: 3,50-15 €

Precio alto: más de 220 €

Doble en hotel de lujo: 180-350 €

Cóctel de autor en una coctelería: 15 €

Entrada a la ópera: 6-110 €

Cena en un buen restaurante: menú degustación 85 €, a la carta 100-150 €

Antes de partir

Tres meses antes Reservar alojamiento, entradas para el *ballet* o la ópera en el Grand Théâtre, y mesa en restaurantes con estrella Michelin.

Tres semanas antes En temporada alta, reservar las visitas guiadas de la oficina de turismo, sobre todo los talleres de cata de vinos y las salidas por los viñedos.

Tres días antes Reservar mesa en los restaurantes más solicitados si se quiere ir en fin de semana.

Cómo llegar

✈ Aéroport de Bordeaux

O Bordeaux-Mérignac, es el aeropuerto de la ciudad y está 10 km al oeste del centro urbano, en el barrio periférico de Mérignac.
Tranvía La línea A va a la plaza de la catedral (Place Pey Berland) cada 5 min aprox. (1,80 €) entre 5.00 y 24.00; se tardan 35 min. Un taxi hasta el centro cuesta 35-50 €.

🚋 Gare St-Jean

La estación de trenes conserva casi todo su esplendor de 1855.
Autobús y tranvía De delante de la estación salen el autobús de la línea 1 o el tranvía C y D a la Place de la Victoire; o el tranvía de la línea C que va al norte bordeando el río hasta la Esplanade des Quinconces (1,80 €), núcleo de transporte público.

Cómo desplazarse

🚌 Autobús y tranvía

Son excelentes y fiables y cubren toda la ciudad entre 5.00 y 1.00. Los billetes sencillos (1,80 €) se venden en el autobús, en máquinas de las paradas del tranvía y en línea; hay que validarlos antes de subir.

🚲 Bicicleta

Hay un eficiente sistema de bicicletas compartidas, V³. Se puede contratar en la aplicación de TBM, en línea o en una estación de V³, con tarjeta de crédito.

⛴ Barco fluvial

Se puede embarcar con un billete normal de autobús o tranvía; salidas regulares entre 8.30 y 19.00.

🚗 Automóvil y motocicleta

Es mejor evitarlos. A menudo hay atascos y encontrar aparcamiento en la ciudad es casi imposible.

Barrios de Burdeos

Saint-Seurin y Fondaudège (p. 95)

Las ruinas romanas y el *château* de un vinicultor son las joyas de esta zona burguesa, creada por ricos mercaderes e industriales del s. XVIII.

Basílica de Saint-Seurin

Place de la Bourse

Catedral de Saint-André

Musée des Beaux-Arts

Musée d'Aquitaine

Basílica de Saint-Michel

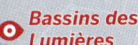
Bassins des Lumières

La Cité du Vin

Chartrons, Bassins à Flot y Bacalan (p. 113)
Tomarle el pulso al Burdeos *millennial* en este barrio bohemio.

Saint-Pierre, Saint-Paul y Triangle d'Or (p. 41)
El epicentro turístico y el corazón medieval de Saint-Paul y Saint-Pierre rebosan de antiguas iglesias, cafés y *boutiques*.

Saint-Michel y Capucins-Victoire (p. 75)
Barrio multicultural con mercados de antigüedades y el principal mercado de alimentación de la ciudad.

Explorar
Burdeos

Casco antiguo, Burdeos. ROSTISLAV AGEEV/SHUTTERSTOCK ©

Explorar ✷

Saint-Pierre, Saint-Paul y el Triangle d'Or

Adentrarse al antiguo corazón de Burdeos, un laberinto de calles con nombres de veleros, orfebres y demás artesanos que en la Edad Media trabajaban aquí. Al norte de Saint-Pierre, bulevares flanqueados por casas señoriales en la Esplanade des Quinconces y el chic Triangle d'Or sumergen a los visitantes en el aristocrático Burdeos del s. XVIII.

Lo esencial

○ **Catedral de Saint-André (p. 42)** Para admirar la arquitectura gótica y las vistas de la ciudad.

○ **Miroir d'Eau (p. 56)** Chapotear en la piscina reflectante más grande del mundo.

○ **Musée d'Aquitaine (p. 44)** Repasar la historia de la ciudad desde la romana Burdigala a la creadora milenial de tendencias.

○ **Musée des Beaux-Arts (p. 48)** Conocer a la artista más escandalosa del s. XIX en Francia.

○ **Place de la Bourse (p. 46)** Prendarse de la plaza más elegante de Burdeos con unas copas al atardecer.

Cómo llegar y desplazarse

🚌 Desde Gare Saint-Jean, el autobús nº 1 va hasta la Place de la Victoire, a 1 km de la Place Jean Moulin.

🚋 El tranvía de la línea C dirección norte desde Gare Saint-Jean o dirección sur desde la Esplanade des Quinconces hasta la Place de la Bourse, la línea A desde la margen derecha hasta la Place du Palais.

Plano de la zona en p. 54.

Grand Théâtre (p. 67). GORDON BELL/SHUTTERSTOCK ©

Las mejores experiencias 📷

Encuentro con lo sagrado en la catedral de Saint-André

La catedral de Burdeos, de estilo gótico flamígero, con su campanario separado, coronado por la imagen dorada de Nuestra Señora de Aquitania, fue consagrada por el papa Urbano II en 1096 y fue una parada clave para los peregrinos que en el medievo recorrían el Camino de Santiago hasta España. La parte más antigua es de 1096; casi todo lo que se ve hoy es de los ss. XIII y XIV.

◉ PLANO P. 54, B6

cathedrale-bordeaux.fr

Interior

El grueso de la catedral no se terminó hasta los ss. XIII y XIV: la impresionante nave abovedada, el coro y las capillas del deambulatorio, pero también los portales que dan acceso a este magnífico interior. Detrás del altar, en los muros de la **Chapelle Sainte-Anne** se distinguen los frescos medievales ya difusos. Los vitrales del maestro francés Joseph Villiet (1823-1877) inundan de mágica luz la **Chapelle du Mont Carmel;** en la década de 1860 se pintó encima de los frescos medievales. Que nadie se pierda el órgano (1877) y el púlpito, labrado en caoba con paneles de mármol rojo del artesano bordelés del s. XVIII Barthélémy Cabirol (1737-1786).

Portales

Los visitantes entran a la catedral por el **Portail Nord** (portal norte), o Portail des Flèches, construido entre 1330 y 1340. Pero la obra maestra de cantería es el vecino **Portail Royal** (portal real), al que hoy se accede desde el interior de la iglesia. Ilustra el Juicio Final según san Mateo. Cuando se construyó a mediados del s. XIII, las elaboradas escenas estaban policromadas para "facilitar la lectura", pero la reciente restauración ha devuelto al portal su color ocre y dorado. Este fue el único portal que no destruyeron durante la Revolución Francesa (1789), cuando la catedral se convirtió en un almacén de forrajes.

Campanario

Contémplese la ciudad desde la Tour Pey Berland (p. 56), el campanario exento construido en 1440-1466. Hay que comprar antes las entradas para una hora determinada; tiene 233 escalones.

★ Consejos

o La catedral acoge espléndidos conciertos de música sacra; comprar las entradas (20 €, o 17 € en línea) en cathedra.fr.

o Es una sala de conciertos memorable para el festival de música barroca de Burdeos de junio/julio y el Festival de Órgano de Verano de julio.

o Hay un mercado de libros de viejo los martes en la Place Jean Moulin, delante de la entrada principal a la catedral.

✕ Una pausa

o Comprar un café realmente rico en Black List (p. 67), al cruzar la calle desde el campanario. O sentarse en una terraza de un café en el lado norte de la plaza de la catedral.

o Desayunar antes de ir a la catedral o almorzar después en el Horace (p. 61), a 250 m andando.

Las mejores experiencias 📷
Descubrir la historia de la ciudad en el Musée d'Aquitaine

El cautivador museo de historia y civilizaciones de Burdeos ocupa la antigua facultad de artes y ciencia. Repasa la historia de la ciudad desde la época galorromana hasta el comercio atlántico del s. XVIII, también de personas esclavizadas, y la consolidación de Burdeos como puerto mundial en el s. XIX. Las exposiciones, dinámicas y bien comisariadas, son fascinantes para cualquier edad.

🎯 PLANO P. 54, C8

musee-aquitaine
-bordeaux.fr

De la Antigüedad a la Edad Media

Las primeras salas de la planta baja explican la prehistoria y exponen los hallazgos arqueológicos descubiertos en la vecina Dordoña por profesores universitarios bordeleses y exploradores en ciernes. Las siguientes salas recrean el foro romano (entre la Place de la Comédie y el Cours de l'Intendance) y los mosaicos hallados en los suelos de casas romanas. La maqueta del anfiteatro romano del Palais Gallien no tiene desperdicio (p. 102).

Era moderna

En el piso superior, las exposiciones se trasladan al Burdeos del s. XVIII y su papel crucial en el comercio transatlántico. El museo explica sin tapujos las 480 expediciones "triangulares" organizadas desde Burdeos como parte del comercio de entre 130 000 y 150 000 personas esclavizadas africanas en el s. XVIII a cambio de telas y armas, entre otras mercancías; más tarde se vendieron como esclavos en las Américas. Atención al cuaderno de bitácora del barco *La Licorne*.

Bonanza comercial

En los ss. XVII y XVIII Burdeos fue un próspero puerto comercial. Al principio el comercio era bidireccional: los barcos cargados con vino de Burdeos, aceite, harina, sedas y demás productos locales zarpaban rumbo a las Antillas y el Caribe, para regresar con café, cacao, algodón, añil, especias, azúcar y tabaco. Pero, muy pronto, las tentaciones del comercio triangular demostraron ser demasiado lucrativas para resistirse. Las mercancías de Europa se embarcaban en Burdeos rumbo a los puertos de la costa oriental africana donde se intercambiaban por personas africanas esclavizadas que los barcos llevaban al Caribe, donde se vendían para trabajar en las plantaciones de azúcar. Los barcos regresaban a Burdeos con mercancías de las colonias. El viaje duraba 18 meses.

★ Consejos

○ Alquilar una audioguía (2,50 €); los comentarios duran 2½ h. O participar en una visita guiada (5 €).

○ El museo programa fascinantes exposiciones temporales; se puede consultar en línea.

○ El primer domingo del mes (menos jul y ago) es gratis.

○ Evitar que los niños se aburran haciendo que sigan el *parcours sensoriel*, una ruta de objetos que pueden tocar y sentir, señalizados con pegatinas naranjas en el suelo.

✘ Una pausa

○ Para un café y una tarta con clase, hay que entrar a la *boutique* de objetos para el hogar de diseño contemporáneo y cafetería Persona (p. 68).

○ Los desayunos hasta tarde y los almuerzos ecológicos entusiasman a una clientela local en el colmado y bistró Les Récoltants (p. 58).

Las mejores experiencias 📷

Admirar la elegancia de Burdeos en la Place de la Bourse

He aquí la plaza más elegante de Burdeos, llamada con razón la Place Royale porque fue diseñada por Luis XV a mediados del s. XVIII. Se creó para abrir la ciudad al río y al mundo a través del Atlántico, y tanto las murallas de la ciudad como los edificios fueron demolidos para dar paso a su magnífica superficie en forma de herradura a orillas del Garona.

 PLANO P. 54, F4

Arquitectura

De acuerdo con el ambicioso proyecto del arquitecto Ange-Jacques Gabriel, trazado en 1730 pero que no se completó hasta después de su muerte en 1775 (sus hijos lo supervisaron a posteriori), elegantes palacios enmarcan la plaza. El mismo arquitecto diseñó el palacio de Versalles. Su clásica simetría arquitectónica no puede ser más bonita.

Hôtels Particuliers

A un lado de la plaza estaba el **Hôtel des Fermes du Roy** (1735-1738) o Ferme Générale, construido en el s. XVIII para albergar a los recaudadores de impuestos del rey y a los aduaneros. En su interior, la Salle de Dédouanement (Sala de Aduanas) –de 40 m de largo y 30 m de ancho, con un techo abovedado– ha sido perfectamente restaurada. En el otro lado de la plaza estaba el **Palais de la Bourse,** una copia exacta del Hôtel des Fermes du Roy, que alberga la Bolsa de la ciudad.

Musée National des Douanes

Pipas de opio, huevos de avestruz incautados, antiguas balanzas y maquetas son algunas de las curiosidades expuestas en el **Musée National des Douanes** (musee-douanes.fr), alojado en el edificio de Place de la Bourse donde los primeros aduaneros de la ciudad se instalaron en la década de 1730. El insólito "museo sin fronteras" repasa la historia de las aduanas francesas desde el s. XVIII hasta hoy; incluso entre sus empleados hay agentes de aduanas franceses oficiales. Entre las obras de arte de tema aduanero expuestas está *Rien à déclarer* (Nada que declarar) del artista contemporáneo francés Ben y una pintura de la casa de aduanas, *Cabane des douaniers, effet d'après-midi* (1882), de Monet.

★ Consejos

● Vale la pena alquilar una audioguía por 2 € en el Musée National des Douanes; el recorrido se completa en 1½ h.

● Hacerse una selfi con Eufrósine, Aglaya y Talía –tres de las nueve hijas de Zeus que representan el júbilo, la elegancia y la juventud o belleza respectivamente– en la Fontaine des Trois Grâces (fuente de las Tres Gracias; 1869) en el centro de la plaza.

● El Palais de la Bourse y su harén de palacios elegantes, reflejados en el Miroir d'Eau (p. 56), al otro lado de la plaza, constituyen la foto definitiva de Burdeos para BeReal.

✗ Una pausa

● Alargarse con un café, un cóctel o un té de media tarde, con vistas privilegiadas desde la elegante terraza de Le Gabriel (p. 62), en la Place de la Bourse.

PLANO P. 54, A7

musba-bordeaux.fr

Las mejores experiencias 📷
Conocer a la primera artista rebelde de Burdeos en el Musée des Beaux-Arts

La evolución del arte occidental desde el Renacimiento hasta mediados del s. XX se puede ver en el Museo de Bellas Artes de Burdeos, alojado en el Palais Rohan u Hôtel de Ville, construido en 1771. El museo se fundó en 1801 y, entre sus maravillas, hay pintura flamenca, holandesa e italiana del s. XVII y una buena representación de pintores bordeleses.

Ala sur

Atesora la obra más antigua del museo, *Vièrge de pitié* (Virgen de la Piedad; 1469) del pintor flamenco Hans Clot. Las siguientes salas de esta ala retroceden hasta el s. XVIII.

Ala norte

Las estrellas son los pintores franceses Eugène Delacroix y Renoir. *Les Quais de Bordeaux* (1892) retrata los muelles de Burdeos al atardecer en invierno por el impresionista Alfred Smith (1854-1932), nacido en Burdeos de padre galés y madre bordelesa. La sala "Paisajes y pinturas de animales" asombra a los visitantes con una monumental pintura de caballos blancos, *La Foulaison du blé en Camargue* (Pisando trigo en la Camarga; 1899). Esta fue la última (e inacabada) obra de Rosa Bonheur, de Burdeos, una de las artistas más célebres de Francia, famosa por pintar vestida con pantalones. Un retrato de ella en su estudio en 1893 la plasma tal cual. Las siguientes salas incluyen a artistas bordeleses modernos: el simbolista Odilon Redon (1840-1916), el fauvista Albert Marquet (1875-1947) y el cubista André Lhote (1855-1962).

Rosa Bonheur

Ningún artista bordelés causó tanta indignación en el s. XIX como la pintora realista Rosa Bonheur (1822-1899). En 1855 completó su obra más famosa, *La feria de caballos,* hoy en el Metropolitan Museum of Art de Nueva York. En 1894 se convirtió en la primera artista condecorada con la gran cruz de la Legión de Honor francesa. Rosa, lesbiana sin complejos, vestía camisas y pantalones, fumaba, cazaba y no ocultaba su acérrima aversión por los hombres. Vivió 40 años en París con su primera pareja, Nathalie Micas, tras cuya muerte mantuvo un romance con la pintora estadounidense Anna Elizabeth Klumpke. Las tres están enterradas juntas en el Cimitière du Père Lachaise de París.

★ Consejos

○ El Ala sur (ss. XV-XVIII) y el Ala norte (ss. XIX-XX) del museo tienen su propia entrada.

○ El museo está en el **Jardin de la Mairie,** un elegante parque urbano con bancos para disfrutar del momento.

○ Ver qué exposiciones temporales hay en la aneja **Galerie des Beaux-Arts** (musba-bordeaux.fr) del museo; la entrada sirve para los dos.

○ Informarse sobre conferencias de arte, circuitos temáticos y actividades en la web del museo.

✗ Una pausa

○ Almorzar en Bistro Cheverus (p. 58).

○ Regalarse un helado ecológico –de sabores silvestres como tomillo limonero o hierba limón y flor de guisante– en La Maison du Glacier (p. 63).

Circuito a pie

De 'boutiques'

La provincial Burdeos no tiene nada que envidiar a París en lo que a boutiques de moda se refiere. Los bordeleses no solo se sienten orgullosos de su ciudad sino también de sus talentosos artesanos, con un plantel de tiendas independientes e históricas y calles comerciales en Saint-Pierre y Saint-Paul.

Datos

Inicio Catedral de Saint-André

Final Rue Sainte-Catherine

Distancia 1,4 km; 1 h

❶ Moda de hermanas

Conocer a las diseñadoras de moda locales **Vagabonde – Les Sisterettes** (lessisterettes.fr), una *boutique* elegante para mujeres de las "hermanitas" fundadoras Céline y Amandine.

❷ Charla sobre quesos

Guiarse por el olfato hasta **Chez Delphine** (fb.com/FromagerieChez Delphine), una *fromagerie* artesanal donde la excepcional *fromagère* y *affineuse* Delphine Lapena cura los quesos *in situ;* a destacar el camembert con higos y avellanas, y el gouda curado con forma de barritas. Al mediodía se pueden maridar divinamente con un burdeos con mucho cuerpo.

❸ Hecho en Burdeos

Con sus chocolaterías artesanales y joyerías pequeñas, la adoquinada Rue Bouffard se presta a un bonito paseo. En el nº 38 está la tienda-taller **Grid** (gridcusco.com) donde la artista bordelesa Ingrid Thieblemont elabora coloridas pulseras de cuentas, collares y demás, inspirados en la época que pasó en Perú.

❹ La librería independiente más grande de Francia

La librería **Mollat** (p. 70), de gestión familiar y fundada por Albert Mollat en 1896, reúne en cinco fincas adosadas un laberinto de libros en 18 km de estanterías.

❺ Dulces 'cannelés'

Pasarse por **Baillardran** (baillar dran.com), en el Centre Commercial Les Grands Hommes, para adquirir moldes para que el viajero hornee sus propios *cannelés* en casa. Los pastelitos en forma de castillo de arena saben a ron y vainilla, con una corteza caramelizada y un centro esponjoso.

❻ De vuelta al siglo XIX

Descubrir el Burdeos de antaño en la elegante galería **Passage Sarget** (1853), con tejado de cristal del s. XIX, acabados *vintage* y alfombra roja. En **La Boutique à Chapeaux** (maboutiqueachapeaux.com) aguardan piezas de algunos de los mejores sombrereros de Europa.

❼ Galeries Lafayette

Los bordeleses han comprado en los emblemáticos **grandes almacenes** (galerieslafayette.com/m/ma gasin-bordeaux) de Burdeos desde 1903, cuando se inauguró como Aux Dames de France. El exquisito barómetro Naudet & Cie, incrustado en el edificio, aún funciona.

❽ Rue Sainte-Catherine

Burdeos cuenta con la calle comercial peatonal más larga de Europa: la Rue Sainte-Catherine. La calle de 1,25 km comunica la Place de la Comédie con la Place de la Victoire. Los romanos la construyeron; los urbanistas prohibieron el tráfico rodado a mediados de 1970; y el famoso arquitecto francés del nuevo milenio, Jean-Michel Wilmotte, le dio un toque contemporáneo.

Circuito a pie 🥾

Descubrir
el Burdeos renacentista

Pasear por el Burdeos renacentista es como bailar un vals por la parte más antigua de la ciudad, una atractiva madriguera de callejas, algunas adoquinadas, y de escondidas plazas peatonales en Saint-Paul construida entre los ss. XIV y XVI. Una época dorada en la que corría el vino y brotaban los preciosos palacios.

Datos

Inicio Place Fernand-Lafargue

Final Place Camille Jullian

Distancia 2,5 km; 2 h

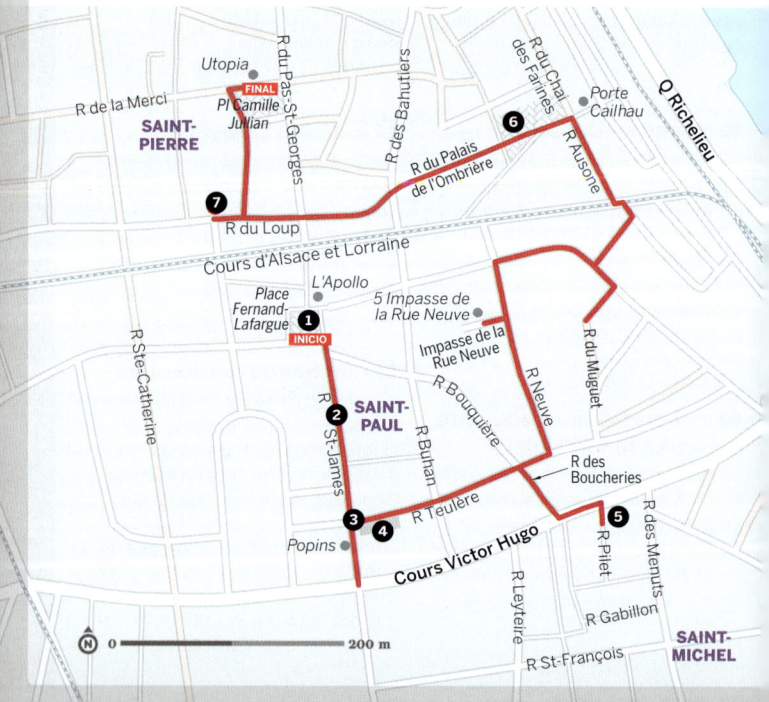

❶ Place Fernand-Lafargue

Empezar con un café en el antiguo **L'Apollo** (p. 66), en la Place Fernand-Lafargue, rodeada de cafeterías y rebosante de *vie bordelaise*. En la Edad Media, esta era la plaza central del mercado.

❷ Rue Saint-James

Ir al sur por esta calle, parando en la puerta finamente labrada del n.º 16 y las ventanas del n.º 18. La calle está en el Camino de Santiago, de ahí su nombre. Conviene fijarse en la concha de cobre, símbolo de la ruta medieval de peregrinos, incrustada en la calle.

❸ Puerta de la ciudad

Pasar por debajo de la puerta de la ciudad del s. XV y mirar hacia atrás para admirar su **Grosse Cloche** (p. 56). El campanario, icono de la ciudad, luce el escudo de armas de Burdeos. Antes solo se tañían las campanas en las celebraciones, para llamar a las armas a la ciudad y para avisar de grandes incendios y tormentas.

❹ Iglesia de Saint-Eloi

Frente a la puerta de la ciudad, conviene fijarse en la fachada gótica de esta iglesia de 1245, la iglesia oficial del alcalde y de su alegre séquito de *jurats* que dirigían la ciudad cuando estaba bajo dominio de los ingleses. Entrar a la moderna **Popins** (p. 69) para comprar un portaparaguas que se ajusta a la bicicleta, únicos de Burdeos.

❺ La casa más antigua

Enfilar por la Rue Teulère hacia el este. Torcer a la derecha por la Rue des Boucheries, a la izquierda por el Cours Victor Hugo y después a la derecha por la Rue Pilet para ver la casa más antigua de Burdeos en el n.º 2, con sus vigas entramadas. Luego, retroceder hasta la Rue Teulère, seguir una manzana hacia el este y girar a la izquierda por la Rue Neuve, donde un callejón sin salida esconde otra de las casas más antiguas de Burdeos (5 Impasse de la Rue Neuve). Los adoquines son los originales McCoy del s. XVII.

❻ Place du Palais

Seguir hacia el norte por la Rue Neuve y torcer por la estrechísima **Rue du Muguet,** la calle más pintoresca de la ciudad. Seguir hacia el norte hasta la Place du Palais, que en el Renacimiento presidía el Palais de l'Ombrière, residencia de los duques de Aquitania y del Parlamento de la ciudad de 1462 a 1790. Todo lo que queda del palacio, demolido en 1800, es la otra puerta medieval de la ciudad: la **Porte Cailhau** (p. 56), a la que se puede subir para unas vistas de 360º.

❼ Hôtel Ragueneau

La última parada: el Hôtel Ragueneau (1656), cuatro manzanas al oeste, en 9 Rue du Loup. En el Archivo Histórico una glicinia entolda desde 1860, con sus florecillas púrpura la esculpida fachada renacentista de la mansión en primavera. Terminar con un almuerzo en una antigua iglesia renacentista en **Utopia** (p. 65).

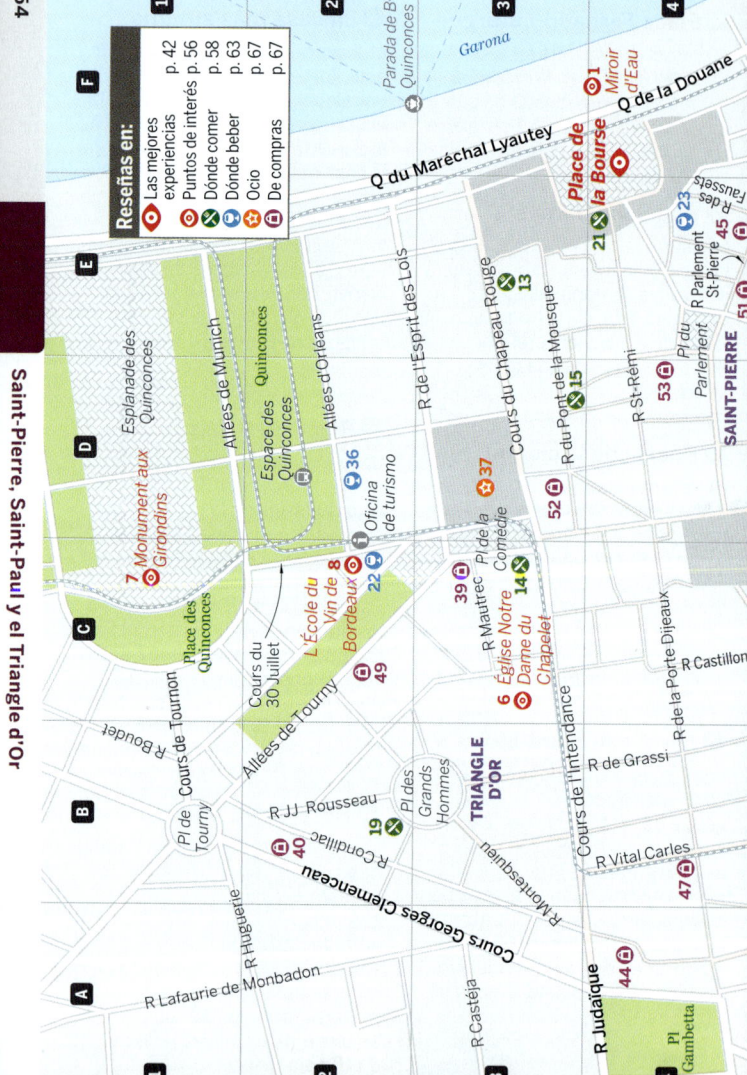

Saint-Pierre, Saint-Paul y el Triangle d'Or

Reseñas en:

	Las mejores experiencias	p. 42
	Puntos de interés	p. 56
	Dónde comer	p. 58
	Dónde beber	p. 63
	Ocio	p. 67
	De compras	p. 67

Garona

Q de la Douane

1 Miroir d'Eau

Place de la Bourse

Q du Maréchal Lyautey

21 23

R des Faussets

45

R Parlement St-Pierre

51

SAINT-PIERRE

13

Cours du Chapeau Rouge

R St-Rémi

15

R du Pont de la Mousque

53 Pl du Parlement

Pl de l'Esprit des Lois

R de l'Esprit des Lois

52

Allées d'Orléans

Espace des Quinconces

Allées de Munich

Esplanade des Quinconces

7 Monument aux Girondins

Place des Quinconces

36 Oficina de turismo

37

Pl de la Comédie

39 14

R Mautrec

Pl du

22

L'École du Vin de 8 Bordeaux

Cours du 30 Juillet

49

6 Église Notre Dame du Chapelet

R de la Porte Dijeaux

R Castillon

Pl de Tournoy

R Boudet

Cours de Tournon

Allées de Tourny

TRIANGLE D'OR

Cours de l'Intendance

R de Grassi

R JJ Rousseau

Pl des Grands Hommes

19

R Condillac

R Montesquieu

40

R Vital Carles

47

Cours Georges Clemenceau

R Huguerie

R Lafaurie de Monbadon

R Castéja

44

R Judaïque

Pl Gambetta

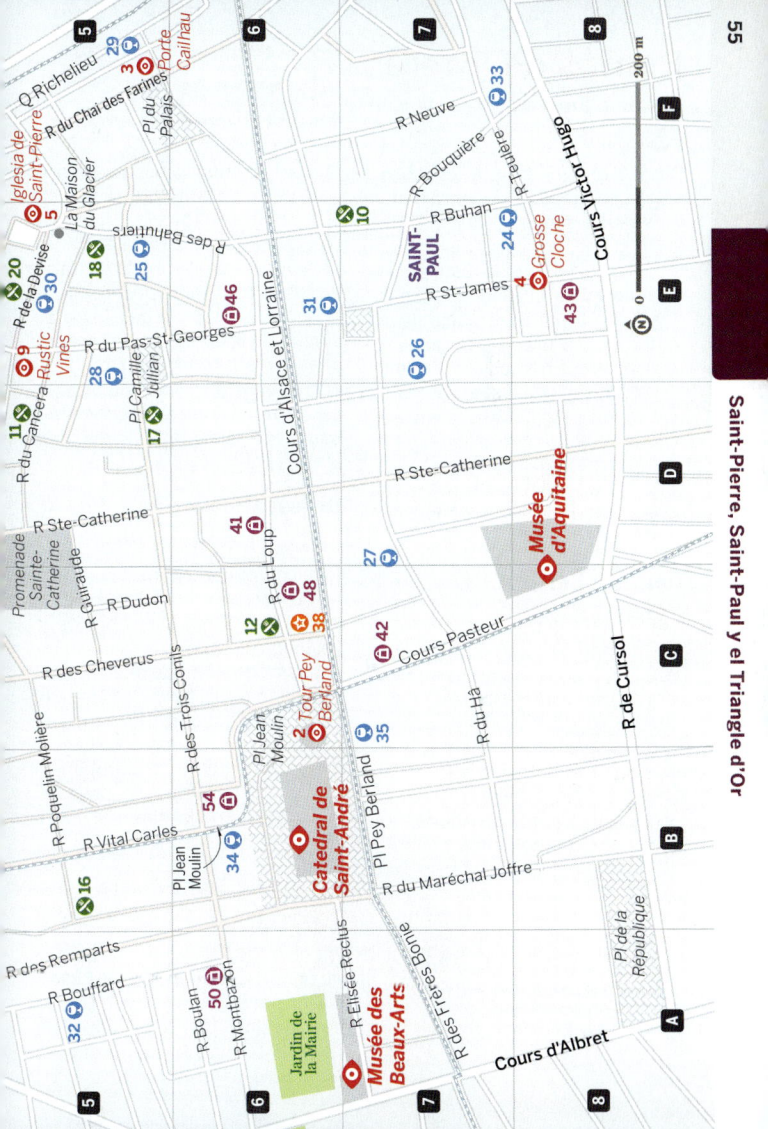

Puntos de interés

Miroir d'Eau

FUENTE

1 ⊙ PLANO P. 54, F4

Cuando el calor aprieta, los niños juegan, los adultos se descalzan y los *skateboarders* atraviesan el Miroir d'Eau, la mayor "piscina" reflectante del mundo. Este espejo de agua sobre 3450 m² de granito negro, junto al muelle y delante del imponente Palais de la Bourse (p. 46), ofrece horas de diversión en verano cuando los reflejos en su fina capa de agua –que se vacía y rellena cada 30 min– impresionan. Cada 23 min expulsa una densa capa de vapor nebuloso para añadir mayor diversión (y hacer esa foto perfecta).

Tour Pey Berland

TORRE

2 ⊙ PLANO P. 54, C6

Este campanario de estilo gótico flamígero, de 50 m de alto y con gárgolas, se construyó para la catedral (p. 42) entre 1440 y 1466. Su chapitel se añadió en el s. XIX y en 1863 se remató con la estatua dorada de Notre Dame de l'Aquitaine (Nuestra Señora de Aquitania). Subir los 233 empinados y estrechos escalones queda compensado con unas vistas espectaculares. Solo pueden entrar 19 visitantes a la vez; se puede comprar la entrada antes en línea para una hora determinada. (pey-berland.fr)

Porte Cailhau

MONUMENTO

3 ⊙ PLANO P. 54, F5

Esta imponente puerta de la ciudad del s. XV, la entrada principal al Burdeos medieval, se construyó para celebrar la victoria del rey Carlos VII en la Batalla de Fornovo (1495) y la conquista del reino de Nápoles. La campaña en Italia hizo que los franceses apreciaran el Renacimiento y la puerta de la ciudad de 35 m bien podría ser un *château* renacentista en miniatura con su elegante tejado de pizarra, sus torretas cónicas y sus ventanas como aspilleras, encima de la arcada gótica. (☎ 05 56 48 04 24)

Grosse Cloche

CAMPANARIO

4 ⊙ PLANO P. 54, E8

Este campanario gótico, custodiado por un conjunto de torres cónicas, se construyó sobre los vestigios de las murallas del s. XIII y más tarde sirvió de prisión y de campanario del cercano Hôtel de Ville (Ayuntamiento). La enorme campana, nacida como Armande-Louise en 1775 (las campanas siempre tienen nombre), pesa 7750 kg y se necesitaron 14 yuntas de bueyes para izarla.

Iglesia de Saint-Pierre

IGLESIA

5 ⊙ PLANO P. 54, E5

El encantador laberinto de callejas de Saint-Pierre conduce a la iglesia, casi toda del s. XV, en torno a la cual creció el barrio medieval. Desde 1152, cuando Aquitania cayó en manos de la Corona inglesa, sirvió de iglesia parroquial para muchos nobles y mercaderes ingleses que más tarde fueron enterrados aquí. En su interior se verán los espectaculares vitrales del s. XIX (los de la nave lateral izquierda explican la historia de san Pedro), el retablo barroco y una bellísima Piedad de madera del s. XVII.

Église Notre Dame du Chapelet
IGLESIA

6 PLANO P. 54, C3

El 17 de abril de 1828 se ofició el funeral del pintor español romántico Francisco de Goya (1746-1828) en la magnífica iglesia del barroco francés, cerca de donde el artista pasó sus últimos días en 59 Cours de l'Intendance. La iglesia, con una impresionante fachada y un interior inundado de luz, formaba parte de un nuevo monasterio dominico construido entre 1684 y 1707. Su acústica es excepcional; se recomienda asistir a un concierto de órgano gratuito.

Monument aux Girondins
MONUMENTO

7 PLANO P. 54, C1

Esta imponente fuente sita en la Esplanade des Quinconces, una plaza enorme y punto axial de transporte, es una algarada de caballos. Se creó entre 1894 y 1902 en honor a los girondinos, un grupo de diputados moderados y burgueses de la Asamblea Nacional durante la Revolución Francesa, 22 de los cuales fueron ejecutados en 1793 tras ser acusados de actividades contrarrevolucionarias.

Porte Cailhau.

L'École du Vin de Bordeaux.

JUSTIN FOULKES/LONELY PLANET ©

L'École du Vin de Bordeaux

VINO

8 👁 PLANO P. 54, C2

Los amantes del vino, aficionados o expertos, pueden matricularse en esta prestigiosa escuela alojada en Maison du Vin de Bordeaux (Casa del Vino de Burdeos). Ofrece talleres de descubrimiento de 2 h y para entendidos de 3 h, y clases y cursos más complejos. (ecoleduvin debordeaux.com)

Rustic Vines

CICLISMO

9 👁 PLANO P. 54, E5

Circuitos privados y en grupos reducidos (de dos a ocho personas) todo el año, en monovolumen, bicicleta y bicicleta eléctrica por Burdeos y alrededores. (rusticvines tours.com)

Dónde comer

Les Récoltants

FRANCESA €€

10 ✖ PLANO P. 54, E7

La frescura, estacionalidad y origen de los platos ecológicos de Los Cosechadores es indiscutible. Los tomates grosella, los pétalos de flores y las verduras cocinados se venden fresquísimos en la tienda procedentes de su propia granja u otras cercanas. Que nadie se salte el postre. Al mediodía, el menú de dos/tres platos (18/22 €) ofrece una excelente relación calidad-precio. (lesrecoltants.fr)

Soif

BISTRÓ €€

11 ✖ PLANO P. 54, D5

Soif ("sed" en francés) es ante todo un *bistrot à vins,* con su barra retro de zinc de la década de 1950 y una carta excepcional de vinos de productores artesanos. Pero los platillos que sirve son igual de sensacionales, quizá apetezcan sardinas bretonas rebozadas, con rábanos negros y sal de roca con notas a sésamo, o el *steak tartare* cortado a mano, con crema de avellanas y apio. Reservar es esencial. (soif-bordeaux.com)

Bistro Cheverus

BISTRÓ €€

12 ✖ PLANO P. 54, C6

Con las típicas sillas de bistró de madera oscura y los grandes ventanales que dan a la calle, la última aventura del prodigioso emprendedor Laurent-Pierre Bordenet –del Horace y el Black List

Del Burdeos medieval al moderno

En 1152, como parte de la dote de Leonor de Aquitania al desposarse con el futuro rey Enrique II de Inglaterra, Burdeos pasó a manos inglesas. Así empezó una etapa dorada para la ciudad. La afición de los ingleses por el vino tinto de la región impulsó la imperecedera fama internacional de Burdeos por los vinos de calidad. El rey Enrique II se ganó el favor de los bordeleses concediéndoles la exención de impuestos para comerciar con Inglaterra, y Burdeos pronto disfrutó de un boyante comercio de vino con *les anglais*. A partir de 1227 se construyeron murallas nuevas para incluir el barrio de artesanos de Saint-Paul, donde se hallaban las forjas, los carpinteros y los herreros.

La creciente hostilidad entre ingleses y franceses desembocó en 1337 en la Guerra de los Cien Años, que se libró de forma intermitente hasta la decisiva victoria de Carlos VII en la Batalla de Castillon (1453), que puso fin a la guerra y devolvió el Ducado de Aquitania –y Burdeos– a Francia. Para demostrar su autoridad absoluta, Carlos VII mandó construir el enorme Château Trompette en Esplanades des Quinconces (demolido en 1818 para dar paso a la plaza actual) y el Château du Hâ (del que queda una torre), levantado en los lindes meridionales de la ciudad. En 1495, en honor a la conquista del Reino de Nápoles por Carlos VII, se construyó la Porte Cailhau (puerta de la ciudad) junto al río. Las ideas de erudición y descubrimiento científico y geográfico del Renacimiento adquirieron una importancia nueva; la Universidad de Burdeos (1441) se convirtió en un hervidero de actividad intelectual.

El Parlamento de la ciudad, que existe desde 1462, sirvió para dar voz a los humanistas en sus escaños y hay que agradecer a la templanza del humanista moderado, escritor y filósofo Michel de Montaigne (1533-1593) –alcalde de Burdeos de 1581 a 1585– que la ciudad sobreviviera a la Reforma y a las Guerras de Religión entre hugonotes (protestantes católicos), la Liga Católica y la monarquía.

Los urbanistas del s. XVIII demolieron las murallas y los oscuros callejones para transformar la ciudad medieval en el Burdeos moderno. Se ajardinó la Place de la Bourse; se construyó un puente en 1775 para comunicar las orillas izquierda y derecha; se construyeron muelles en el río; y se inauguró el Grand Théâtre (1780), coronado por una cúpula que sirvió de modelo al arquitecto Charles Garnier para construir el teatro de la ópera en París. La llegada del ferrocarril en 1837 impulsó aún más la actividad portuaria.

Vistas panorámicas de la ciudad

El elegante **Pont de Pierre** (1819-1822) de Saint Pierre, del s. XIX, es el puente más antiguo que cruza el Garona en Burdeos y, como tal, regala unas de las panorámicas más bonitas. Para unas vistas aéreas de la ciudad –y orientarse antes de sumergirse en ella– hay que subir al impresionante **campanario** (p. 56) de la catedral o, menos predecible, a la elegante **Porte Cailhau** (p. 56), la puerta de la ciudad.

(p. 67)– es el *bistrot de quartier* en versión moderna. Animado a todas horas, aquí se puede comer un *cordon bleu,* platos vegetarianos creativos y una carta semanal con productos locales de temporada. (@bistrotcheverus)

Contrast

DESAYUNO €

13 🍴 PLANO P. 54, E3

El primer local de *brunch* de Burdeos, ahora en un espacio mayor en el Cours du Chapeau-Rouge, sigue en la cresta de la ola con desayunos y *brunches* (también en versión vegana por 28 €). Ya sea con muesli casero, tortitas, macedonia o tostada con hummus de remolacha, los viajados Laura y Mamadou cumplen con lo que prometen. Elegantes muebles de caña, lámparas de techo y flores recién cortadas crean un ambiente alegre. (contrast-brunch.com)

Le Bordeaux

FRANCESA €€

14 🍴 PLANO P. 54, C3

Un homenaje a los ricos frutos del extraordinario *terroir* (terruño) de Burdeos, la *brasserie* del chef

con dos estrellas Michelin Gordon Ramsay prepara un *plat du jour* de la granja a la mesa, diferente cada día, y un memorable *brunch* dominical (78/108 € sin/con champán ilimitado) y clásicos franceses como ostras de Cap Ferret, pato, mollejas en salsa de *coñac* y una hamburguesa *gourmet* que gusta a todos.

Se empieza con unos cócteles en la evocadora terraza que da a la Place de la Comédie. (bordeaux. intercontinental.com/le-bordeaux)

Le Bouchon Bordelais

FRANCESA €€

15 🍴 PLANO P. 54, D3

Los productos del mercado y las grandes dosis de creatividad –paletilla de cordero con corteza de sésamo, magro con puré de tupinambo y chalotes cocidos al vino– forman el pilar del bistró de Frédéric Vigouroux, en una calleja entre la Place de la Bourse y la Place de la Comédie. Con sus paredes de piedra vista y sus suelos de terracota, el interior es 100% tradicional (pero no su imaginativa carta). (bouchon-bordelais.com)

Horace
INTERNACIONAL €€

16 🍴 PLANO P. 54, B5

A cualquier hora del día, Horace no se equivoca. Excelentes cafés de especialidad (de los tostadores urbanos bordeleses L'Alchemiste y Oven Heaven), sofisticados desayunos a base de frutas y verduras, *brioches* y panes caseros, y creativas cartas para almorzar y cenar son las señas de calidad de esta cafetería. El *brunch* del domingo es un éxito.

El *chai latte* del Horace está de muerte. Y si no gusta el café, la leche tibia con sabor a rosa o a azahar, los selectos *grands crus* de chocolates artesanales a la taza y las cervezas artesanas de Brasserie Azimut están igual de ricos. (@horace.cafe)

Palatino
ITALIANA €€

17 🍴 PLANO P. 54, D5

El ambiente de fiesta es contagioso en esta *osteria* del exitoso grupo Big Mamma de París. El laberíntico comedor, de vivos colores y con un entrepiso lleno de globos, es el lugar perfecto para una animada salida tras unas copas a última hora de la tarde en la vecina Place Camille Jullian. Hay que dejarse un hueco para el postre, son enormes y están de fábula. (bigmammagroup.com)

Le Davoli
FRANCESA MODERNA €€

18 🍴 PLANO P. 54, E5

Si apetece algo más refinado, hay que reservar en este restaurante

gourmet en Saint-Pierre con el prodigioso chef David Grangier. El arte contemporáneo adorna las paredes medievales de piedra y los menús degustación proponen almejas, gambas salvajes, ternera lechal, lenguado, espárragos y demás exquisiteces de temporada. El postre de limón –limón en diferentes formatos– es un sensacional colofón. (📞 05 56 48 22 19)

Amoré
ITALIANA €

19 🍴 PLANO P. 54, B2

Si uno se cansa de la cocina francesa –o busca una impresionante terraza local donde alargarse con unas copas y una *pizza* tras un día duro de turismo– este café-bistró italianizante es lo que toca. Hay que sentarse bajo el toldo azul cielo y ver el mundo pasar en la Place des Grands Hommes. *Pizzas* y pastas excelentes. (facebook.com/amorebordeaux)

Desayuno y 'brunch'

Los horarios para los desayunos o el *brunch* se alargan en la epicúrea Burdeos; el desayuno recién traído de la granja en **Les Récoltants** (p. 58) es insuperable. De los lugares más de moda para el *brunch* destacan **Horace, Contrast** y **Frida** (p. 64); y si se quiere acompañar con champán, se puede ir a los sofisticados **Le Gabriel** (p. 62) y **Le Bordeaux.**

Le Petit Commerce
PESCADO Y MARISCO €€

20 PLANO P. 54, E5

Este emblemático bistró, con comedores a ambos lados de una calleja peatonal y el anterior chef con estrella Michelin, Stéphane Carrade, en la cocina, es la estrella del moderno barrio de Saint-Pierre. Tiene fama por su excelente carta de pescado y marisco: lenguado, ostras de Arcachon, anguilas, langostas y *chipirons* (chipirones) de Saint-Jean de Luz.

Terminar la comida con un *riz au lait à l'orange* (arroz con leche perfumado con naranja) como hacen los bordeleses. Consultar su página de Facebook para ver el menú del día, con una excelente relación calidad-precio. (facebook.com/LePetitCommerceBDX)

Le Gabriel
GASTRONOMÍA €€€

21 PLANO P. 54, E4

Cuesta decidir qué es lo que más llama en este híbrido de terraza de café, bistró moderno y templo gastronómico en la Place de la Bourse, si la arquitectura dieciochesca, la alta cocina con estrella Michelin del **restaurante L'Observatoire** o la terraza del café-bar en plena plaza emblemática.

El *brunch* del sábado, un opíparo bufé en el bistró **Le 1544** del 2º piso, con entretenimientos para los críos, gusta mucho a las familias. (le-gabriel-bordeaux.fr)

Ruta del vino de Burdeos

Empezar con...
El circuito a pie A Mémoires et Partages (memoiresetpartages.com) sobre el comercio colonial. Tiene muchos vínculos con el vino y se descubrirá una parte importante de la historia de Burdeos, de la que no suele hablarse.

Mejor cata de vinos de restaurante
L'Univerre está aún muy bien y **Ressources** (p. 104) –ex Château Haut-Bailly y Garopapilles– es uno de los que más me gustan; tiene estrella Michelin pero es pequeño e informal.

Los mejores bares de vinos
Imprescindibles son Wine More Time, Quatres Coins du Vins y **Le Point Rouge** (p. 87). Asistir a una clase de vino en **CIVB** (p. 58) es una excelente forma de aprovechar el tiempo.

 Recomendada por Jane Anson, *crítica de vinos de Burdeos y autora de* Inside Bordeaux: The Chateaux, The Wines and the Terroir. *@janenasonwine*

Le Pressoir d'Argent
GASTRONOMÍA €€€

Cenar en el restaurante gastronómico con dos estrellas Michelin (véase **14**  plano p. 54, C3) del dieciochesco Grand Hôtel de Burdeos es asombroso. La cocina, con el famoso chef británico Gordon Ramsay a los fogones, se vale de los mejores productos de la región para crear lo último en gastronomía sofisticada. Se puede pedir la langosta para ver cómo utilizan la inaudita prensa Christofle de plata maciza del restaurante, una de las cinco que hay en el mundo. (gordonramsayrestaurants.com/le-pressoir-dargent)

Dónde beber

Bar à Vin
BAR DE VINOS

22  PLANO P. 54, C2

La atractiva arquitectura e interiorismo –parqué en espiga, vitral con el dios Baco y un techo alto– encaja con el ambiente reverente que impregna este bar de vinos alojado en los sagrados salones del Maison du Vin de Burdeos. Los amables sumilleres sirven decenas de vinos de Burdeos y mostos por copa, acompañados por *lamproie à la bordelaise* (estofado de lamprea), bagre a la pimienta de Espelette, o una tabla de quesos, embutidos o chocolate. (baravin.bordeaux.com)

Pausa para un helado

Descansar del paseo por la medieval Saint-Pierre con un helado ecológico de la institución local **La Maison du Glacier** (@lamaisonduglacier). Sus más de 80 sabores no podían ser más salvajes: té verde, almendra, absenta, acacia, castaña verde, queso Roquefort, ajos negros, jengibre... incluso cerveza. En verano hay mesas en la bonita Place Saint-Pierre.

Mazal
COCTELERÍA

23  PLANO P. 54, E4

Su nombre significa "buena estrella" en hebreo, y con razón. Sus fundadores, Sarah y Samuel, beben de sus viajes por Tel Aviv, Nueva York y París para elaborar su cocina franco-libanesa *gourmet* y sus cócteles con licores locales. Se podría probar el Truffle Vesper, que combina vodka y ginebra Maison Mounicq (ambos envejecidos en barriles de tinto de Burdeos) con el aperitivo local Lillet, con notas de trufa.

Solo abre por la noche cada día hasta las 2.00; la reserva de mesa es esencial. (lemazal.fr)

Comidas del mundo

En la **Rue Saint-Rémi** hay gastronomías donde elegir: tailandesa, japonesa, india... En Saint-Paul, hay que viajar con el paladar por la moderna **Place Fernand Lafargue,** al sur del Cours d'Alsace et Lorraine.

Frida
COCTELERÍA

24 PLANO P. 54, E7

Clandestino y colorido, este patio mediterráneo ajardinado en pleno Saint-Pierre es idílico para una noche de verano, con creativos cócteles artesanales y 250 vinos diferentes. La inspirada *carte à partager* ("carta para compartir") propone una cena con tapas imaginativas: quizá berberechos bretones en un caldo de panceta ahumada, calamar a la parrilla con chips de ajo, cremosa burrata con un *chutney* picante de melocotón. (frida.fr)

Ayawasca Cocktail Club
COCTELERÍA

25 PLANO P. 54, E5

Los cocteleros artesanos de esta taberna clandestina de Saint-Pierre preparan algunos de los cócteles más locos, surrealistas y ricos de la ciudad con vinagre de arroz, sirope de lima kaffir, remolacha o pistacho, *whisky* preparado con melocotones asados, entre otros

ingredientes sorprendentes e inesperados. Y para acompañar hay tapas igual de creativas, con caviar de Aquitania o trufa negra para un subidón *gourmet.* El tartar de besugo con kiwi y albahaca es de órdago. (accbordeaux.com)

Café Mancuso
CAFÉ

26 PLANO P. 54, E7

"Música suave, copas y comida" es el lema de este café chic con un aire retro, cuyo nombre debe al DJ neoyorquino David Mancuso que hizo tan famosas sus fiestas privadas The Loft en Nueva York en la década de 1970. Los melómanos pueden poner y escuchar vinilos, al mediodía con un café o una cerveza artesana, un cebiche sencillo o una ensalada, y por la noche, con platos compartidos.

El sótano esconde un salón y espacio para puntuales sesiones de cine. (cafemancuso.com)

Café Piha
CAFETERÍA

27 PLANO P. 54, D7

El pomo de la puerta –parte de una máquina de café– ya lo dice todo: esta cafetería de nueva generación mola. Para apoltronarse en bancos con cojines en un interior ligeramente exótico, diríase que amazónico, y escoger un café de especialidad y el método de preparación (*espresso,* Chemex, V60, etc). Los curiosos no deben perderse los *ateliers* de tostadura, servicio del café, *dégustation* (cata) y arte *latte.* (cafepiha.com)

Utopia

CAFÉ

28 ⊘ PLANO P. 54, E5

En una antigua iglesia, este veneradísimo local del arte es toda una institución. Cine de autor, café relajado, lugar para comer algo ecológico y bar todo en uno, es un buen sitio para mezclarse con los bordeleses con una copa, *tartine* (tosta), ensalada, sopa o licuado de frutas a cualquier hora del día. (cafe-utopia.fr)

Le Brixton

PUB

29 ⊘ PLANO P. 54, F5

Este *pub,* uno de los que tienen terraza cerca de los muelles, es ruidoso y siempre está lleno de gente tomando el aperitivo. Las *happy hours* que ofrecen cervezas y chupitos económicos se alargan horas y el ambiente fiestero en verano es contagioso. (lebrixton.fr)

Madame Pang

COCTELERÍA

30 ⊘ PLANO P. 54, E5

Chic, un pelín exótica y de última tendencia, Madame Pang acompaña sus cócteles artesanos, cervezas y vinos con *dim sums* asiáticos y platillos en un salón sofisticado con una barra enmaderada, mesas para dos y rincones con sillones de terciopelo. Para asegurarse una mesa hay que ir pronto; no hace reservas. Lunes cerrado. (madame pang.com)

Utopia.

Yacht Club
BAR

Dejando de lado su servicio irregular, las impresionantes vistas de 360º de los tejados de Burdeos entusiasman a los famosos en este bar de verano (véase **14** plano p. 54, C3) en la azotea del histórico Grand Hôtel de Burdeos. DJ los fines de semana. Suele haber cola para subir. (bordeaux.intercontinental.com)

L'Apollo
BAR

31  PLANO P. 54, E6

No hay lugar tan animado como el Apollo, un fabuloso bar de barrio con una fachada naranja y una terraza concurrida. Tiene una mesa de billar y una fantástica programación de DJ, fiestas de música y veladas "*apéro* mix" donde suena *funk,* soul y *reggae.* (apollobar.fr)

Chocolaterie Lalère
CAFÉ

32  PLANO P. 54, A5

El joven y prodigioso chocolatero Xavier Lalère remite a las tradicionales tabletas de chocolate del

Una copa con vistas
ⓘ

No hay obra de arte pública más llamativa que *Sanna* (2013), una impresionante escultura moderna en la Place de la Comédie del artista español Jaume Plensa. Para sentarse en la terraza de un café en la plaza y no quitar ojo a la cabeza de una mujer en hierro fundido de 7 m de altura.

País Vasco de su madre para crear este híbrido de salón de té y chocolatería en la comercial Rue Bouffard. Parqué de espiga de época, vitrales y un reloj de péndulo alto le inyectan un encanto inmediato en el elegante interior de la década de 1920.

Los tés artesanales, el café y el chocolate a la taza vienen con un praliné o *ganache* de cortesía, y los "polos" de helado bañados en chocolate son los mejores para un día de calor en verano. (chocolaterie-lalere.fr)

Au Nouveau Monde
CERVEZA ARTESANA

33  PLANO P. 54, F7

¿Por qué no sorprende saber que el primer *pub* de Francia en tener un certificado oficial de ecológico está en Burdeos? Dirigido con pasión y salero por el quebequés Etienne, el bar-cervecera cuenta con un delicioso *gastropub* en la planta baja y una microcervecera artesana en el sótano. Todo —desde sus seis cervezas de la casa hasta las hamburguesas y el inspirado *risotto* a la cerveza— es 100% ecológico. (aunouveaumonde.fr)

Les Mots Bleues
CAFÉ

34  PLANO P. 54, B6

Se puede ojear la selección de libros (solo en francés) de esta plácida cafetería de interior azul y blanco, cerca de la catedral. Las galletas caseras y los creativos *crumbles* (¡pera y chocolate, manzana y fresas!) están de muerte, igual que los fabulosos zumos de frutas ecológicas (albaricoque y tomillo, kiwi y azafrán, moras y menta) hechos por Unaju de Burdeos. Ensaladas al mediodía para llevar. (@lesmotsbleus.officiel)

Black List
CAFETERÍA

35 PLANO P. 54, C7

Para los muy cafeteros, la primera cafetería de Burdeos, con un interior embaldosado retro y diminuto, es ideal para un excelente café de tostadores europeos. Para acompañar qué tal un muesli, unos huevos con beicon o un sándwich imaginativo. Los fines de semana el *brunch* se sirve hasta las 14.00. (facebook.com/blacklistcafe)

Le Monseigneur
DISCOTECA

36  PLANO P. 54, D2

Calzarse los zapatos de baile e ir a la discoteca más antigua de la ciudad (y prácticamente la única del centro) para pop de las décadas de 1970, 1980 y 1990. La entrada incluye una copa. (lemonseigneur. com)

Ocio

Grand Théâtre
TEATRO

37  PLANO P. 54, D3

Diseñado por Victor Louis (el de la catedral de Chartres), este gran teatro del s. XVIII programa óperas, *ballets* y conciertos de orquestas y de música de cámara. Atención especial merecen los imaginativos eventos para la comunidad (la or-

'Bouteille bordelaise'

Cualquier aficionado al vino que se precie sabe cómo es su botella. Mientras la botella de borgoña tiene lados suavemente curvos, la *bouteille bordelaise* (botella de Burdeos) tiene lados rectos y hombros altos y redondos, diseñada así por los cristaleros bordeleses para atrapar los sedimentos cuando se decanta un burdeos añejo.

questa acompaña con música las sesiones de donación de sangre, por ejemplo). (opera-bordeaux.com)

Le Fiacre
MÚSICA EN DIRECTO

38 PLANO P. 54, C6

Con más de 20 años de historia en la ruta de bares y de música en directo, Le Fiacre sigue llenando con sus conciertos de *rock* y sus fantásticos sets de DJ. Hay directos casi cada semana, de jueves a sábado, a partir de las 20.00. Por lo demás, la cerveza es lo que toca pedir en este atrevido *bar à bières*. (facebook.com/pg/fiacrebordeaux)

De compras

L'Intendant
VINO

39 PLANO P. 54, C3

Bienvenidos a la que seguro es la mayor tienda de vinos de Francia. Una magnífica escalera que sube en espiral cinco pisos está rodeada

Tostado en Burdeos

Las culturas del mundo se unen en **Café Piha** (p. 64), una cafetería de estilo tropical que debe su nombre a la bahía en Nueva Zelanda donde el barista francés Pierre Guerin aprendió a hacer *kitesurf* (y café). Los saquitos de papel marrón que contienen su grano de *espresso* de tueste medio o de filtro más ligero, tostado en Burdeos con destreza y *amour* bordelés, son el mejor *souvenir*.

de estanterías cilíndricas con 15 000 botellas de vino regional en esta prestigiosa *caviste* (bodega). Una botella vale de 8 € a miles de euros. Catas casi cada sábado. (intendant.com)

Chocolaterie Saunion

CHOCOLATE

40 PLANO P. 54, B2

Seguir al bordelés burgués hasta esta histórica chocolatería, en manos de la misma familia desde 1893. Hoy al timón está Thierry Lalet, cuarta generación de chocolateros, que crea unas Divins Raisins (uvas pasas maceradas en vino dulce de Sauternes y cubiertas de chocolate) que hacen justicia al "divino" del nombre, Galliens de Bordeaux (bombones de turrón de almendra, praliné y chocolate con avellanas) y demás exquisiteces. (saunion.fr)

Blue Madone

VINTAGE

41 PLANO P. 54, D6

La moda *vintage* de marca para hombres y mujeres es el pilar de la exquisita *boutique* de Mathilde Milande, un mundo encantador de lámparas retro, muebles y plantas. También hay un *salon de thé*, y talleres de varios diseñadores locales de joyería, arte floral, telas pintadas, marroquinería, moda y tapizado. Se les puede ver trabajando. (bluemadone.com)

Persona

DISEÑO

42 PLANO P. 54, C7

El comercio justo y las etiquetas "Made in France" son la base de esta *boutique* contemporánea de porte escandinavo donde se pueden comprar atractivos artículos para el hogar, tomar un café excelente y disfrutar de una tarta casera en su terracita trasera. La dueña sueca, Viveka Sandklef, llegó a Burdeos tras vivir muchos años en París y su gusto es impecable.

Hay *ateliers* interactivos de arte y artesanía para niños los miércoles por la tarde. (@personadesigncafe)

Popins DEPORTES Y AVENTURA AL AIRE LIBRE

43 🔒 PLANO P. 54, E8

Solo a una tienda de Burdeos, una ciudad conocida por su desatada cultura ciclista, se le ocurriría inventar algo tan inspirado: un portaparaguas ajustable a bicicletas para que los bordeleses pedaleen bajo la lluvia con comodidad. También venden cojines florales para sillines, bolsas, cascos y demás accesorios para bicicletas. (popins.fr)

Chez Pascal – Dunes Blanches ALIMENTACIÓN

44 🔒 PLANO P. 54, A4

Los fines de semana los bordeleses hacen cola ante esta pastelería emblemática, famosa por sus *dunes blanches* ("dunas blancas"): buñuelitos crujientes de masa *choux,* rellenos de nata montada y espolvoreados con azúcar glas.

Algún fin de semana se incorporan sabores especiales como coco y chocolate, vino blanco y *yuzu,* sésamo y turrón, o frambuesa. Este pastelito, creado en el 2007

por Pascal Lucas en Picquet, en el cercano Cap Ferret, fue un éxito inmediato. (facebook.com/Dunes. Blanches)

Émile & Marguerite BEBIDAS

45 🔒 PLANO P. 54, E4

Esta tienda asombrosa, especializada en licores franceses, es un arcón de bebidas curiosas a las que ningún epicúreo puede resistirse. En las estanterías de *whiskies,* brandis y demás destilados artesanos destacan la ginebra amarilla Sorgin (envejecida en barriles de vino sauvignon blanc por el enólogo bordelés François Lurton), el vodka Nadé (hecho con uvas de Burdeos y destilado en Cognac) y el ron Oksen de Cap Ferret con notas a banana. (emileetmarguerite.fr)

Fromagerie Deruelle ALIMENTACIÓN

46 🔒 PLANO P. 54, E6

La lionesa Elodie Deruelle es la supermujer que hay detrás

La 'vie bordelaise'

Apoltronarse en verano en la terraza de un café o restaurante es algo esencial de *la vie bordelaise* (vida bordelesa). Las peatonales **Place Saint-Pierre** y **Place du Parlement,** ambas en pleno Saint-Pierre, están ribeteadas por encantadoras terrazas, llenas a todas horas. La **Place Camille Jullian** –Place Ca-Ju para los lugareños– es otra plaza bonita para alargarse con una copa. Las terrazas en la adoquinada **Rue des Faussets** y la **Rue de la Devise** son también idílicas en las noches de verano.

Entretenimiento en la calle

La **Place de la Comédie**, con sus emblemáticos e históricos relojes y sus artistas callejeros entreteniendo a los transeúntes, es el lugar de encuentro favorito de lugareños y músicos callejeros. Los *breakdancers* y *skateboarders* se congregan bajo los arcos del **Grand Théâtre** (p. 67).

de esta excepcional quesería y *épicerie* (tienda de comestibles). La selección de productos lácteos artesanos, *charcuterie* (charcutería) lionesa, 150 tipos de quesos y exquisiteces caseras es irresistible. Que nadie se vaya sin probar su famoso *cheesecake*. (fromagerie -deruelle.com)

Mollat   LIBROS

47 🔒 PLANO P. 54, B4

Las colas para pagar son habituales en esta enorme y laberíntica librería, fundada en 1896 y siempre llena de bordeleses que ojean libros en diferentes idiomas. Hay una sección de viajes, con mapas y guías. El filósofo, escritor y erudito Charles Montesquieu (1689-1755) vivió en una de las cinco casas adosadas que forman este enorme imperio del libro. (mollat.com)

Freep'Show Vintage   VINTAGE

48 🔒 PLANO P. 54, C6

Esta caja de Pandora, con paredes recubiertas de viejos vinilos, teléfonos de disco como elementos decorativos y un TV retro con el horario escrito en la pantalla, vende ropa *vintage* (informal por lo general). Es para estarse un buen rato curioseando; los equipos de alta fidelidad son fascinantes. (@freepshow_vintage_friperie)

Chocolaterie Cadiot-Badie   CHOCOLATE

49 🔒 PLANO P. 54, C2

Las uvas en puré maceradas en vino tinto de Burdeos son el secreto que esconden las trufas de *ganache* Diamant Noir ("diamante negro"), recubiertas de chocolate negro, en esa histórica chocolatería. Su interior, con techo de molduras doradas y mostrador de mármol, apenas ha cambiado desde 1826. (cadiot-badie.com)

Ciell   JOYERÍA

50 🔒 PLANO P. 54, A6

Híbrido de estudio y *boutique* donde las virtuosas Laetitia y Gwenaelle crean a mano las características *bijoux* (joyas) de cuero y oro. Una intachable colección de cerámicas, láminas enmarcadas, productos de papel y otros artículos para el hogar de diseñadores locales completan la agradable experiencia de salir de compras "Made in Bordeaux".

Archibald & Zoé

MODA Y COMPLEMENTOS

51 PLANO P. 54, E4

Elegante *concept store* con moda *prêt-à-porter* para mujeres y niños, zapatos, complementos y artículos para el hogar, todo 100% hecho en Francia. Las prendas cuelgan de perchas de cartón reciclado e incluye interesantes hallazgos como vaqueros 1083 hechos en Francia en algodón ecológico, velas Terra-Bella del País Vasco y modernos bolsos de Cocorico de Burdeos. (facebook.com/archibaldetzoe)

Le Comptoir Bordelais

ALIMENTACIÓN Y BEBIDAS

52 PLANO P. 54, D3

En este colmado chapado a la antigua que vende especialidades regionales, las papilas gustativas se van a acelerar. Aquí la lista de exquisiteces es interminable: quesos locales, *cannelés* (pastelitos de Burdeos en forma de castillo de arena), *bouchons de Bordeaux* (barquillos rellenos de almendras), *raisins au Sauternes* (uvas pasas maceradas en vino de Sauternes y recubiertas de chocolate), caramelos salados, sardinas de chocolate, aceites de oliva, salsas y condimentos, cervezas artesanas y licores, vino...

Mollat.

Le Comptoir Bordelais.

Tiendas que están de moda

Simone à Bordeaux Crea coloridas joyas de metal esmaltado, muy fáciles de llevar. Hay una tienda-*showroom* en la bonita Allées de Tourny, en el centro de la chic Burdeos.

Maison Leone (maisonleone.fr, @maison_leone) Apasionada de las texturas. Leone empezó a trabajar con fibras textiles naturales en el 2015 y poco a poco integró otros materiales a sus piezas, como telas viejas, papel hecho a mano y yeso. Su proceso creativo es intuitivo, a menudo inspirado en la naturaleza.

French Disorder Y, cómo no, está la marca *"happy to wear"* en Galeries Lafayette Homme, en Rue Porte Dijeaux. Ropa colorida y cómoda que se puede llevar y volver a llevar durante años.

Recomendado por **Isabelle Voyer Martin**, *CEO y cofundadora de la marca bordelesa de moda French Disorder, @french_disorder*

w.a.n. ARTÍCULOS PARA EL HOGAR

53 🔒 PLANO P. 54, D4

"Made in France" es el lema por el que se guía esta caja de Pandora, llena hasta arriba de innovadores objetos de diseño, artículos para el hogar, ropa, chucherías y baratijas, todo fabricado en Francia.

En la bodega aguardan esculturas y obras de artistas locales contemporáneos. (📞 05 56 48 15 41)

Marché des Bouquinistes MERCADO

54 🔒 PLANO P. 54, B6

Los letraheridos van a esta plaza a la sombra de los árboles de delante de la catedral los martes y miércoles cuando se montan los puestos de libros de viejo.

El Triángulo de Oro

El famoso **Triangle d'Or** está enmarcado por tres grandes bulevares: Cours de l'Intendance (sur) y Cours Georges Clemenceau (oeste), ambos flanqueados por tiendas de lujo y *boutiques* de firmas; y las Allées de Tourny (este), donde se encuentran las chocolaterías históricas.

Explorar

Saint-Michel y Capucins-Victoire

Dos iglesias emblemáticas —la gótica basílica de Saint-Michel y la románica iglesia de Sainte-Croix— unen los animados barrios de Saint-Michel y Sainte-Croix, donde se pueden comprar muchas antigüedades. Un popurrí de mercadillos crea un crisol multicultural, mientras los estudiantes de Burdeos frecuentan las terrazas en la Place de la Victoire y el mercado de alimentos cubierto.

Lo esencial

○ *Marché des Capucins (p. 89)* Desayunar ostras y vino blanco en el mercado de alimentos cubierto.

○ *Basílica de Saint-Michel (p. 76)* Embobarse con los vitrales modernos en la iglesia del gótico flamígero más bonita de Burdeos.

○ *Place de la Victoire (p. 82)* Sentarse en una terraza para ver el mundo pasar.

○ *La Tupina (p. 85)* Conocer la cocina tradicional bordelesa en uno de los restaurantes más emblemáticos de la ciudad.

○ *Le Point Rouge (p. 87)* Brindar en una taberna clandestina como esta, y salir de fiesta por el ribereño Quai de Paludate.

Cómo llegar y desplazarse

✈ Hay 15 min de Gare Saint-Jean a la Place Pierre Renaudel y 20 min hasta el Marché des Capucins.

🚊 La línea C dirección norte desde Gare Saint-Jean o sur desde la Esplanade des Quinconces hasta las paradas de Porte de Bourgogne, Saint-Michel o Sainte-Croix.

Plano de la zona en p. 80.

Place de la Victoire (p. 82). TRABANTOS/SHUTTERSTOCK ©

Las mejores experiencias 📷
Embobarse con los vitrales de la basílica de Saint-Michel

La fachada ennegrecida de esta emblemática basílica pide a gritos una limpieza, pero aun así la arquitectura gótica flamígera impresiona. Se empezó a construir en el s. XIV y se terminó más de 200 años después. Para sentir el pulso de la vida local, hay que sumarse a los animados bordeleses que pasan el rato en las dos plazas que enmarcan la encomiable iglesia de "pueblo".

🎯 PLANO P. 80, D2

Vitrales

Los bombardeos de la II Guerra Mundial destruyeron los magníficos vitrales de la iglesia (los de la **Chapelle de Mons** son los únicos originales que quedan de 53). Pero en días soleados el vitral moderno, de la década de 1960, proyecta un caleidoscópico arcoíris de color en el interior de piedra de la basílica.

Capillas laterales

En los ss. xiv y xv, las familias y cofradías adineradas emprendieron la construcción de 17 capillas laterales, cada una dedicada a un santo: los fontaneros y techadores rezaban a santa Susana, los carpinteros a san José (de ahí el altar tallado y los paneles de alabastro en la **Chapelle Saint-Joseph**), los pescadores a san Fort, y los trabajadores de la sal a san Roque. En la **Chapelle Sainte-Catherine,** dedicada a los marineros, una imagen de santa Úrsula recuerda a las 11 000 vírgenes que, junto a ella, fueron martirizadas por los hunos en Colonia en el año 383.

Campanario

Como pasa en la catedral, el campanario o **Flèche Saint-Michel** está separado de la basílica. De 114 m, es el cuarto campanario más alto de Francia y tardó 20 años en construirse (1473-1493). Hay una escalera de 230 peldaños que sube al campanario pero está cerrado por reformas hasta el 2025. Hasta entonces, quien quiera oír su magnífico carillón de 22 campanas debe escanear el código QR en los paneles de información de la base.

Cripta

Debajo del campanario se encuentra la cripta de la basílica, famosa por su tétrica colección de 70 momias desenterradas en un cementerio cercano en el s. xviii y expuestas aquí hasta 1990. Un corto narra su macabra historia.

★ Consejos

○ Tener presente que la basílica solo abre por la tarde.

○ Durante las reformas, se puede acudir a los eventos y talleres prácticos de la iniciativa cultural de la ciudad "Objectif Flèche".

○ Hacer coincidir la visita con el variopinto Marché Neuf de Saint-Michel, un mercadillo de ropa, cestos, mercería, ollas de barro, alfombras…, donde más de 150 puestos se dispersan por Quai des Salinières los lunes (7.00-13.00).

✘ Una pausa

Comprar un sándwich en La Boulangerie (p. 86) y disfrutarlo en un banco de la Place Reynard con vistas a la basílica.

Para una inolvidable comida local de lujo, hay que reservar en La Tupina (p. 85).

Circuito a pie 🚶

Paseo por el mercado un sábado por la mañana

El antiguo barrio del mercado de Capucins se anima de verdad los sábados por la mañana cuando los vecinos, recién levantados, salen a la calle a hacer la compra semanal de frutas y verduras, ponerse al día con los amigos con un café o une verre (una copa de vino) y regalarse un largo y relajado almuerzo a la francesa.

Datos
Inicio Place des Capucins
Final Rue du Mirail
Distancia 2,5 km; 2 h

❶ Desayunar con ostras

Llegar pronto para ocupar una mesa entre puestos de frutas y verduras en **Chez Jean-Mi** (p. 85). Este emblemático bar de ostras del mercado de los Capuchinos debe su fama a sus maravillosas ostras y a sus copiosas mariscadas. Hay que imitar a los lugareños, sentarse en la barra y pedir una copa de vino blanco seco para acompañar el festín.

❷ Pozo de amor

Terminar el *petit-déj* (desayuno) con una caja azul de *puits d'amour* (pozos de amor) de **Maison Seguin,** otro puesto del mercado. Desde 1952, el *pâtissier* de Cap Ferret elabora estos dulces rellenos de crema pastelera y merengue, caramelizados y ligeros.

❸ Darse una vuelta por el mercado

Con el estómago lleno ya se puede dar un garbeo por los puestos del "vientre de Burdeos", tal y como se conocía al histórico **mercado** (p. 89) en el s. XIX. Desde la década de 1740, los puestos venden todo tipo de productos frescos y secos, locales y regionales.

❹ Les Broc's

Conocer a los anticuarios locales en **Les Broc's** (p. 88), un mercadillo cubierto con muebles de segunda mano, artículos para el hogar, objetos decorativos, ropa *vintage* y todo lo que uno pueda imaginarse.

❺ Au Bistrot

No hay otro sitio mejor para un almuerzo genuino y de cocina de mercado que **Au Bistrot** (p. 85), también al sur, cerca del Marché des Capucins. Hay que sentarse en la barra y disfrutar de productos de kilómetro cero como arenques marinados, ensalada de lentejas o pichón asado. Casi todo es de productores locales.

❻ Una clase de repostería

Dedicar parte del sábado a aprender repostería de la mano de los lugareños: sea un *cannelé, macarons,* fruta a la *trompe l'œil* o una sencilla tarta. **Labo&Gato** (p. 83) enseña esto y más en sus clases de pastelería del sábado.

❼ Elaborar cerveza artesanal

Si lo que interesa es la cerveza artesanal, **L'Atelier Bière** (p. 88), en Saint-Michel, imparte talleres para aprender a elaborarla los sábados. Se escogerá un nombre para la cerveza, se diseñará la etiqueta y se pasará más tarde a buscarla.

❽ 'Goûter' sin gluten

Que nadie escatime en el *goûter,* el equivalente francés a la merienda. En el barrio hay que ir al elegante café-pastelería **Bakery Art Gallery** (p. 83); todos sus pasteles, que parecen joyas, son sin gluten.

Saint-Michel y Capucins-Victoire

A B C D

1

Cours d'Alsace et Lorraine

Q Richelieu

Pont de Pierre

R St-James

R Buhan

R Bouquière

R Neuve

SAINT-PAUL

Porte de Bourgogne **4**

Q des Salinières la Grave

Q de la Grave

2

R Ste-Catherine

Cours Victor Hugo

R du Mirail

R des Faures **11**

Basílica de Saint-Michel

R St-François

Pl Meynard **26**

Pl Duburg

R Ste-Catherine

Cours Pasteur

7

18

R Leyteire

R Gratiolet

R des Menuts

Pl Canteloup

16

23

25

R des Allamandiers

R Camille Sauvageau

SAINT-MICHEL

3

Labo&Gato **6**

R des Augustins

R Bergeret

R Gaspard Philippe

8

4

Musée d'Ethnographie **3**

Place de la Victoire **1**

R Élie Gintrec

Pl des Capucins

10
22

R Marbotin

Promenade des Remparts **5**

R des Douves

Cours de la Marne

Cours de la Somme

R Kleber

Cours de l'Yser

R de Bègles

5

6

R Lafontaine

Reseñas en:	
◉ Las mejores experiencias	p. 76
◉ Puntos de interés	p. 82
✖ Dónde comer	p. 83
🍴 Dónde beber	p. 87
⭐ Ocio	p. 89
🔒 De compras	p. 89

A B C D

Saint-Michel y Capucins-Victoire

E **F** **G** **H**

1

Q des Queyries

Garona

2

Q de la Monnaie

15

R Carpenteyre

Q Sainte-Croix

R Porte de la Monnaie   9

Pont Saint-Jean

3

17

12

14

Bd des Frères Moga

R du Noviciat   24

Iglesia de Sainte-Croix

Pl Pierre Renaudel   2

R Peyronnet

Q de la Paludate

4

R des Étables

R de Tauzia

Pl Meunier

R Charles Domercq

Q de la Paludate

MÉCA

19   13

Cours de la Marne

20

5

Cours Barbey

21

R Montfaucon

R Eugène le Roy

R St-Vincent de Paul

R des Terres de Borde

Gare de Bordeaux-Saint-Jean

6

R Furtado

E **F** **G** **H**

Puntos de interés

Place de la Victoire
PLAZA

1 ◎ PLANO P. 80, A4

Ideal para ver gente desde los cafés con grandes terrazas llenas de estudiantes. Los camareros con sus bandejas esquivan palomas y autobuses, mientras los niños trepan por las tortugas de bronce del centro de la plaza. Esta escultura (2005), del artista Ivan Theimer, está debajo de la **Colonne de la Vigne et du Vin,** un obelisco de mármol del mismo autor. Hay que acercarse para ver los caprichosos racimos de uva –en el obelisco y las tortugas– en homenaje a la arraigada cultura vitivinícola de Burdeos.

Iglesia de Sainte-Croix
IGLESIA

2 ◎ PLANO P. 80, E4

Exquisitas esculturas decorativas que representan la avaricia, la lujuria y otros terribles vicios inmemoriales adornan la notable fachada románica de esta elegante iglesia en Sainte-Croix. Construida entre los ss. XI y XII como la iglesia de una abadía benedictina adosada, esta es la iglesia más antigua de Burdeos. El campanario a la izquierda de la entrada principal no se añadió hasta el s. XIX. En el interior, el original órgano Dom Bedos (1740-1755) se trasladó a la catedral en 1812.

Musée d'Ethnographie
MUSEO

3 ◎ PLANO P. 80, B4

Visitar este Museo de Etnografía no solo para husmear en la antigua Facultad de Medicina de la prestigiosa Universidad de Burdeos, fundada en 1441, sino también para admirar la muy poco valorada colección de tesoros etnográficos recolectados en Asia por Victor Segalen (1878-1919) –un médico de Brest que estudiaba medicina naval en Burdeos– y otros adelantados exploradores de los ss. XIX y XX. La entrada al museo está al doblar la esquina desde la Place de la Victoire, en 6 Rue Élie Gintrac. (meb.u-bordeaux.fr)

Porte de Bourgogne
PUERTA

4 ◎ PLANO P. 80, C1

Esta puerta de la ciudad, de estilo romano, fue diseñada en la década de 1750 por el famoso arquitecto del s. XVIII Ange-Jacques Gabriel (1698-1782), más conocido por rediseñar la Place de la Concorde de París, la École Militaire y el Petit Trianon en Versalles. La puerta señalaba la entrada oficial a la ciudad desde París y fue rebautizada como Porte Napoléon en 1808 en honor a la visita del emperador a Burdeos. También se la llama Porte des Salinières por los trabajadores de la sal que vivían en el barrio.

Porte de Bourgogne.

Promenade des Remparts

JARDINES

5 PLANO P. 80, D4

Un paseo flanqueado por plátanos centenarios recorre este jardín elevado de detrás del mercado de los Capuchinos, construido sobre los restos de las murallas de 5 km que protegían la ciudad en el s. XIV. Las terrazas de artillería, el oratorio y otros vestigios arquitectónicos aleatorios repartidos por el sendero fueron en su día parte de un convento del s. XVII.

Labo&Gato

COCINA

6 PLANO P. 80, A3

Esta práctica tienda, parada de rigor para cualquier pastelero en ciernes, vende los moldes de cobre para hacer los inconfundibles *cannelés* (pastelito con forma de castillo de arena con sabor a ron y vainilla) de la ciudad y una increíble selección de moldes, decoraciones y utensilios para hornear el perfecto pastel de cumpleaños Paris-Brest. Sus clases de pastelería, horneado y elaboración de chocolate son las mejores de la ciudad. (atelierpatissier.laboetgato.fr)

Dónde comer

Bakery Art Gallery

PASTELERÍA €

7 PLANO P. 80, B2

¡Menuda joya! En la Rue du Mirail, este elegante café-pastelería vende los mejores panes, tartas y pastelitos ecológicos y sin gluten de la ciudad. También imaginativos sándwiches (¿tal vez jamón, pesto y alcachofas marinadas?)

Futurista Euratlantique

Se puede pasear por el lado indómito de detrás de Gare Saint-Jean para descubrir un nuevo barrio futurista que está naciendo en unos descampados entre la estación central de trenes y el río. Cuando se termine –no tiene fecha de finalización–, Euratlantique (bordeaux -euratlantique.fr) será un nuevo barrio empresarial y residencial, con bloques de oficinas de cristal y acero y rascacielos inteligentes sostenibles. Tras años de retrasos, en el 2021 por fin se empezó a construir el titánico **Pont Simone Veil,** un puente de 88,5 millones de euros que cruza el Garona, con un tramo muy amplio para que pasen peatones y ciclistas. Presumiblemente se terminará en el 2024.

Los *grands projets* (esa ancestral tradición de Francia), a través de los cuales los líderes políticos franceses construyen enormes edificios públicos para inmortalizarse a sí mismos, solo ocurren de vez en cuando. Los mataderos en Quai de la Palutade, abandonados durante décadas, han sido ya transformados en el reluciente **La Boca Foodcourt** y el lujoso hotel **Hilton Garden Inn.** Ambos han quedado empequeñecidos por el vecino centro de las artes **MÉCA** (Maison de l'Économie Créative et de la Culture; la-meca.com), una enorme obra arquitectónica contemporánea. Si se sube a la mitad del asimétrico arco blanco se verá la medialuna del río. En su diáfano interior de hormigón, las exposiciones temporales de arte en **FRAC** (Fonds Régional d'Art Contemporain) muestran a jóvenes y nuevos talentos rabiosamente contemporáneos o vanguardistas.

En la *pavis* (plaza enorme) de delante, se verá la evocadora escultura de bronce de un niño recogiendo agua de lluvia con sus manos ahuecadas. La obra, titulada **Étude sur la Nature des Choses** (Estudio sobre la naturaleza de las cosas), es una de las tres del dúo de escultores franceses Laurent Montaron y Olivier Vadrot, diseñadas para "guiar" a quienes llegan en tren desde la estación de Gare Saint-Jean hasta el nuevo centro de arte de la ciudad en Euratlantique. Se puede encontrar la segunda –del mismo niño acercando sus labios a un anemómetro a través del cual sopla el viento creando un silbido– delante de Gare Saint-Jean. La tercera, que se instalará en la esquina de la Rue du Commerce y la Rue Bac Ninh en el 2024, mostrará al mismo niño sosteniendo un radiómetro de Crookes expuesto a la luz del sol.

y quiches –sin gluten–, y hay un jardín trasero como guinda. Para quedarse toda la tarde con un café y un pastel de mango y almendra. (BAG; bakeryartgallery.com)

Au Bistrot

FRANCESA €€

8 ✖ PLANO P. 80, C3

No hay nada más apetitoso que este práctico bistró francés con cazuelas de hierro fundido en la barra de las que emanan deliciosos aromas a comida casera y una cocina abierta donde se preparan platos tradicionales de mercado. Arenques marinados, ensalada de lentejas con un huevo escalfado, medio pichón asado o una *andouillette* (salchicha de tripas) al horno; el 80% de los ingredientes es local o de la región de Aquitania. (☎06 63 54 21 14)

La Tupina

FRANCESA €€€

9 ✖ PLANO P. 80, E3

Este emblemático bistró, invadido por el aroma de sopa que se está haciendo al fuego en una *tupina* ("puchero" en vasco), debe su fama a su contundente comida del suroeste de Francia: riñones de ternera con patatas fritas hechas con grasa de ganso, lechal, tripa y alas de ganso. El espacio es un rústico laberinto de elegantes comedores decorados con fotografías *vintage* y muebles antiguos. (latupina.com)

Chez Jean-Mi

PESCADO Y MARISCO €

10 ✖ PLANO P. 80, C4

De haber un puesto en el emblemático mercado de alimentos que resuma la contagiosa *joie de vivre*

Chez Jean-Mi.

Le Point Rouge.

Central de cafés y bares

Los cafés tradicionales se concentran en torno al mercado de la Place des Capucins. Para algo más tranquilo y bonitas vistas de la iglesia, hay que sentarse en alguna terraza de la Place Pierre Renaudel. Quai de la Monnaie cuenta con una batería de bares con populares terrazas. Más al sur, Quai de Paludate, repleto de arte urbano, es la revoltosa zona noctámbula, con bares que cierran tarde y discotecas.

de Les Capus (como lo llaman los lugareños), es este *bistrot à huitres* (bar de ostras). Jean-Mi recibe con la misma sonrisa a los clientes habituales y a los nuevos, y sus ostras recién desbulladas, su sopa de pescado y sus generosas mariscadas son de primera. (📞06 81 20 24 49)

La Boulangerie   SÁNDWICHES

11 PLANO P. 80, C2

La legendaria panadería de Saint-Michel lleva más de un siglo al pie del cañón. Sus especialidades incluyen hogazas de pan con fruta deshidratada, *escargots* (pastelitos en forma de caracol con frutos rojos, chocolate y pistachos o una combinación salada) y *Jésuites* (hojaldre relleno de crema con merengue y copos de almendra). Al mediodía se forman colas por sus bocadillos *gourmet* en pan de *baguette* hechos al momento (basta con elegir tres de sus decenas de ingredientes). (laboulangerie-saintmichel.com)

Opus 34
BISTRÓ €€

12 PLANO P. 80, E3

Con su terraza bajo los frondosos plátanos de la Place Pierre Renaudel y con vistas a la iglesia de Sainte-Croix, el bistró del Teatro Nacional de Burdeos es bonito para tomar o comer algo. El chef Paul Gouzien utiliza productos de temporada y proximidad para crear su inconfundible *cuisine du marché* (cocina de mercado). ¿La clientela? Actores, artistas del teatro y estudiantes. (restaurant-opus34.fr)

La Boca Foodcourt
INTERNACIONAL €

13 PLANO P. 80, H5

Esta zona de restauración en un viejo matadero de 1938 resulta muy práctica para quienes se alojan en el albergue cercano y sirve comida callejera de todo el mundo: asiática de fusión, india, italiana, japonesa, corsa, pinchos vascos, o pescado del día en **Le Comptoir Marin.** Se come en largas mesas comunitarias. (labocafoodcourt.eu)

Calles para comer

Al ser un barrio de mercados, hay muchos locales para comer. Hay tentadores bistrós alrededor del mercado de los Capuchinos, y en el extremo sur de la peatonal Rue Ste-Catherine y delante de la basílica de Saint-Michel, en la Place Canteloup, hay establecimientos de comida rápida internacional: *bagels,* kebabs, japonesa, tailandesa, india, ceilandesa, marroquí, vietnamita...

Dónde beber

Le Point Rouge
COCTELERÍA

14 PLANO P. 80, F3

Un pequeño timbre rojo (*"le point rouge",* o "el punto rojo") señala la puerta de acero negra que da paso a esta moderna taberna clandestina que tiene un porte teatral con ese ladrillo rojo y escarlata escondido en el sótano del otrora ostentoso *hôtel particulier* (mansión) ribereño. La enciclopédica carta de cócteles repasa dos siglos de historia coctelera, e incluye más de 100 creaciones elaboradas. Para entrar hay que llamar al timbre. (pointrouge-bdx.com)

El clásico aperitivo

Solo hay una forma de anticiparse a un festín bordelés: con el aperitivo local. Lillet es un vino aromatizado de Prodensac, de delicado color salmón, de la zona vitivinícola de Graves. Mezcla vino tinto, blanco y rosado de Burdeos con licores cítricos y se deja añejar en barriles como cualquier otro vino de añada de Burdeos. Se puede beber solo y con hielo, con una rodaja de limón o naranja.

Les Marquises COCTELERÍA

15 PLANO P. 80, E2

Los viajados hermanos Louis e Yves Chatenet son los artífices de esta creativa coctelería que está en Quai de la Monnaie, repleto de bares. El local debe su nombre a las islas del Pacífico Sur a las que el cantante francés Jacques Brel se retiró y abre a tiempo para quienes quieren tomar algo después del trabajo. Mezcla cócteles de temporada con algunos ingredientes delirantes, como siropes caseros, refrescos y piruletas. (@lesmarquisesbordeaux)

Les Broc's BAR

16 PLANO P. 80, D2

Combinar las compras de antigüedades y de mercadillo con una tabla de embutidos para compartir o una noche de monologuistas en este animado bistró-bar. Tiene una terraza con mesas y sillas de metal de todos los colores bajo parasoles amarillos donde beber y picotear algo informal con vistas a la iglesia. En el interior, se venden objetos de segunda mano de todo tipo.

Los DJ, que pinchan *hip hop, funk, house, electro,* etc., mantienen al respetable bailando los fines de semana de 22.00 a 2.00. En el bistró-bar también hay pantallas con eventos deportivos y noches de comedia entre semana. (face book.com/lesbrocsbordeaux)

Central Do Brasil BAR

17 PLANO P. 80, E3

Desde el transitado Quai Sainte-Croix, hay que meterse por una calle lateral para dar con este fiestero bar brasileño. Bajo una frondosa veranda están las mesas y sillas de vivos colores, fluyen los mojitos y las caipiriñas, y la música en directo contagia su ritmo frenético. También sirve comida. (facebook.com/centraldobrasil bordeaux)

L'Atelier Bière CERVEZA ARTESANA

18 PLANO P. 80, B3

Disfrutar de una fresquita copa de cerveza *blanche* (blanca), *ambréé* (ámbar), *blonde* (rubia) o *brune* (tostada) elaboradas en esta innovadora *brasserie* de Saint-Michel. Para quitar el hambre tiene una reducida carta de tapas. Imparte talleres para elaborar cerveza (desde 95 € para 2 h, que incluye 12 botellas de cerveza que uno solo podrá llevárselas un mes después). (latelier-biere.com)

La Plage
DISCOTECA

19 PLANO P. 80, H5

Dándolo todo desde hace veinte años, La Plage (La playa) es una macrodiscoteca con una imponente fachada negra a un lado del Quai y con varias pistas de baile. Los DJ pinchan de todo cada noche de 24.00 a 6.00. (facebook.com/laplageleclub)

La Pachanga
DISCOTECA

20 PLANO P. 80, H5

Disfrutar de una noche de bailoteo caribeño en La Pachanga, una discoteca donde reina la música tropical, en el animado Quai de Paludate. (facebook.com/LaPachangadeBordeaux)

Ocio

Rock School Barbey
MÚSICA EN DIRECTO

21 PLANO P. 80, E5

La divertida Rock School Barbey programa un cartel de prometedoras bandas *indies* francesas e internacionales. El precio de la entrada varía según el concierto. Y sí, este espacio inquieto también es una escuela de *rock*. (rockschool-barbey.com)

De compras

Marché des Capucins
MERCADO

22 PLANO P. 80, C4

Algo típico de Burdeos sería pasar un sábado por la mañana disfrutando de unas ostras y una copa de vino en un puesto de pescado y marisco en este legendario mercado lleno de puestos rebosantes de frutas, verduras, quesos, carnes, pescado, pan y demás. (marchedescapucins.com)

Epicentro de los mercados de Burdeos

En ninguna parte de Burdeos hay tantos mercadillos: puestos improvisados que venden antigüedades, curiosidades *vintage* y toda suerte de chismes ocupan Quai des Salinières los lunes, martes, jueves, viernes y domingos por la mañana (7.00-13.00). Hay días en los que los puestos también se dispersan por la Place Reynard y la Place Cantcloup, a la sombra de la basílica. Hay que ir pronto para encontrar las mejores gangas, llevar bolsa propia y vigilar los bolsillos.

Comer 'à la bordelaise'

La cocina local está firmemente arraigada al *terroir* (terruño), pero el espíritu innovador del Burdeos moderno se traslada a la cocina con jóvenes chefs que se apartan a veces de los clásicos. Como corresponde al incondicional espíritu bordelés de productos de kilómetro cero, los mejores chefs trabajan con ingredientes frescos y de temporada de granjas locales o del océano cercano: espárragos en primavera, fresas, rábanos negros, cordero lechal de Pauillac y caviar de esturión.

Setas y filetes

Para comer como un lugareño hay que pedir platos que incluyan *à la bordelaise* en su nombre. Pero *à la bordelaise* no tiene una interpretación única, sino que significa cosas diferentes según el plato. *Cèpes à la bordelaise* son unas de las mejores setas de Francia hechas al horno en una cazuela de barro con mantequilla, ajo y el jugo de uvas verdes. Más predecible es el *entrecôte à la bordelaise*, o sea, un filete con salsa de vino tinto, chalotes y hierbas aromáticas, mientras que los *escargots à la bordelaise* son caracoles locales cocinados con tomates y vino blanco.

Ostras y anguilas

No hay plato más emblemático de la cocina bordelesa que la *lamproie à la bordelaise*, un singular plato cuyo ingrediente principal son las viscosas lampreas (un tipo de anguila, de aspecto casi prehistórico) que se pescan en el estuario del Garona. Cuenta un mito local que cuando las personas esclavizadas de Burdigala (Burdeos romana) caían en desgracia, los romanos las arrojaban a las lampreas para que se las comieran. La lamprea es un pez ventoso que se adhiere al vientre de otros peces para alimentarse de su sangre. En la cocina de Burdeos se trocean y se guisan con puerros y vino tinto especiado durante tres días. El guiso se conserva en frascos, se guarda en la despensa y se come meses más tarde, acompañado quizá, *bien sûr,* de un tinto de crianza media Saint-Émilion o Pomerol.

Burdeos también tiene ostras, muchas, que se llevan al mercado frescas desde las cercanas Arcachon y Cap Ferret. Las *huîtres à la bordelaise,* sin ser tan exóticas como parecen, son simplemente ostras recién desbulladas y servidas sobre un lecho de hielo picado, con *crépinettes* (salchichitas) calientes y un vino blanco y frío Entre-deux-Mers.

Yvonne

CONCEPT STORE

23 PLANO P. 80, D3

La esencia de esta preciosa *concept store* y restaurante informal en Saint-Michel es crear un espacio de tendencias dedicado al *l'art de vivre* (el arte de saber vivir). Su interior de diseño despide elegancia, igual que la selección de vajillas, joyería, artículos para el hogar y alimentos *gourmet,* todo seleccionado por la creativa dueña Isabelle. (yvonnelifestore.com)

L'Atelier de Lutherie

ARTE Y ARTESANÍA

24 PLANO P. 80, E4

Ver al maestro lutier Simon Bour trabajando en su precioso taller, lleno de violines, violas y demás instrumentos de cuerda delante de la iglesia de Sainte-Croix. El prodigioso artesano se formó en Cremona (Italia) y sus conocimientos son insuperables. (simonbour.com)

Les Hangars

ANTIGÜEDADES

25 PLANO P. 80, D2

Detrás de la basílica de Saint-Michel, los comerciantes venden objetos de segunda mano –muebles, artículos para el hogar, ropa, objetos decorativos– en una antigua nave rehabilitada. (leshangars.com)

'Chocolatines' de Burdeos

En toda Francia se conocen como *pains au chocolat,* pero en Burdeos la clásica napolitana de chocolate se llama *chocolatine.* En Saint-Michel, **La Boulangerie** (p. 86) vende unas de las mejores.

Brocante du Dimanche

MERCADO

26 PLANO P. 80, D2

El domingo por la mañana hay que darse una vuelta por el mercadillo de antigüedades, curiosidades *vintage* y toda suerte de chucherías inesperadas en las plazas próximas a la basílica de Saint-Michel. Un Marché Brocante (mercado de artículos usados) más pequeño ocupa las mismas plazas los martes, jueves y viernes por la mañana. Los mercados están 700 m a pie río abajo desde el centro urbano.

Circuito a pie 🥾

Explorar La Bastide

Al otro lado del río, en el centro de Burdeos, la margen derecha era una tierra de nadie hasta que en 1822 quedó comunicada con la margen izquierda por el Pont de Pierre (1822) de 17 ojos de piedra. El barrio de La Bastide no tardó en ser un hervidero de actividad. Su mascota: un enorme león azul del artista contemporáneo lionés Xavier Veilhan en la Place de Stalingrad.

Cómo llegar

La margen derecha está 10 min a pie de Bir Hakeim, en la izquierda.

🚊 La línea A va al este desde Hôtel de Ville hasta Stalingrad o Jardin Botanique.

⚓ El barco B³ desde Les Hangars a Stalingrad.

❶ Iglesia de Sainte-Marie de la Bastide

Todo *quartier* que se precie necesita su propia iglesia, de ahí este elegante templo neomedieval de 1884. Que nadie se sorprenda si su bulbosa cúpula coronada por una linterna sobre balaustres le evoca a la basílica de Sacré-Cœur de París, en Montmartre: las dos son obra de Paul Abadie (1812-1884).

❷ Le Caillou

Comer como un *gourmet* en la terraza de este **bistró** ajardinado (le-caillou-bordeaux.fr), que debe su nombre al curvilíneo búnker tipo Teletubbies en el que se encuentra y que recuerda un enorme *caillou* (guijarro). La cocina es 100% local y de temporada.

❸ Jardin Botanique

Pasear por el **Jardin Botanique de la Bastide** (jardin-botanique -bordeaux.fr), con un jardín acuático que exhibe impresionantes lirios, un jardín vertical e invernaderos mediterráneos.

❹ Magasin Général

Almorzar con *hipsters* locales en el **restaurante** ecológico (magasin general.camp) más grande de Francia, con una amplia terraza que alberga varios sofás, una mesa de *ping-pong* y un futbolín. En el interior, las curiosidades *vintage* se mezclan con las mesas de fórmica de 1950, una *épicerie* (tienda de comestibles) ecológica, una cervecera artesanal y un tostadero de café.

❺ Explorar Darwin

En Darwin, los barracones militares se han transformado en un centro creativo verde. El mejor y más grande restaurante ecológico de Francia, **Magasin Général,** ocupa un hangar, y las naves vecinas albergan un mercadillo, un taller de bicicletas, una granja urbana y un parque de *skate*. Gustará a los amantes del arte urbano.

❻ Beber y bailar a orillas del río

Ir a las orillas del río para un poco de bailoteo bajo las guirnaldas de luces de **La Guinguette Chez Alriq** (www.laguinguettechezalriq. com). En la Brasserie de la Lune se puede beber ponche casero y cerveza artesana. *¡Santé!*

Explorar ◈

Explorar ◈
Saint-Seurin y Fondaudège

Acaudalados mercaderes y empresarios del vino construyeron suntuosas mansiones en los ss. XVIII y XIX en este elegante barrio, en su mayor parte residencial, y su legado prevalece repartido entre châteaux y hôtels particuliers (mansiones). Bajo la superficie burguesa se ocultan fascinantes reliquias de la civilización galorromana y de antiguos mártires cristianos.

Lo esencial

○ **Basílica de Saint-Seurin (p. 96)** Sumergirse en el corazón más antiguo de la ciudad en esta iglesia románica.

○ **Palais Gallien (p. 102)** Viajar hasta la Burdigala romana con los vestigios de este imponente anfiteatro.

○ **Institut Culturel Bernard Magrez (p. 101)** Saborear la vida de un château y el arte contemporáneo en el Château Labottière.

○ **La Grande Poste (p. 108)** Disfrutar de monologuistas, teatro, conciertos o un brunch en una oficina de correos art déco.

○ **Ressources (p. 104)** Hurgar en el epicentro de la floreciente escena gastronómica de la ciudad en la Rue Fondaudège.

Cómo llegar y desplazarse

🚶 Hay 700 m a pie desde el núcleo de transporte Esplanade des Quinconces hasta la Rue Fondaudège, llena de restaurantes.

🚌 En la línea B, dirección sur, hay dos paradas de Esplanade des Quinconces a Gambetta; línea C dirección norte desde Gare Saint-Jean a Jardin-Public.

Plano de la zona en p. 100.

Palais Gallien (p. 102). NO_LIMIT_PICTURES/GETTY IMAGES ©

Las mejores experiencias 📷

Seguir a antiguos peregrinos hasta la basílica de Saint-Seurin

El alma de Saint-Seurin reside en este complejo sagrado románico, construido a partir del s. XI sobre una necrópolis galorromana. Los peregrinos de la Edad Media que seguían el Camino de Santiago la convirtieron en una parada clave en su ruta hasta Santiago de Compostela. La basílica fue declarada monumento histórico en 1840 y Patrimonio Mundial por la Unesco en 1998.

◎ PLANO P. 100, B4

basiliquesaintseurin.org

Arquitectura

La fachada neorrománica fue diseñada por el arquitecto Pierre-Alexandre Poitevin en 1828, con el escultor italiano Dominique Fortuné Maggesi (1801-1892) como artífice de las estatuas decorativas y de la pletórica ornamentación en piedra.

Saint Seurin

La basílica debe su nombre al patrón de Burdeos y al cuarto obispo de la ciudad, Saint Seurin (san Severino). Se puede conocer su historia en las 14 escenas esculpidas en alabastro del altar mayor y rendir honores a su sarcófago salvaguardado aquí. Solo se conservan 32 de las 47 sillerías del coro originales del s. XV, de bella labra de madera.

Capillas

En los ss. XIV y XV, se incorporaron varias capillas laterales a la basílica, aunque la **Chapelle Notre Dame de Bonne Nouvelle,** con una exquisita estatua de alabastro de la Virgen del s. XIV que se considera milagrosa, es la única que conserva su factura medieval. A la izquierda del coro, la **Chapelle Notre Dame de la Rose** es un ejemplo maravilloso de arquitectura del gótico flamígero, con un retablo de 1444 que representa la vida de la Virgen María en 12 escenas.

Cripta

A cada lado de la nave hay unas escaleras que bajan a la minúscula aunque evocadora cripta, llena de sarcófagos en mármol de los primeros obispos. La **tumba de Saint Fort,** el primer obispo de Burdeos, también está aquí. Cada 16 de mayo, las madres llevaban a sus hijos jóvenes hasta la tumba para hacerlos hombres (o sea "fortalecerlos").

★ Consejos

○ Conviene estar atentos a las visitas que organiza la oficina de turismo (p. 146).

○ Complementar la visita con un paseo por el Site Archéologique de Saint-Seurin (p. 101); el yacimiento arqueológico solo abre las tardes de junio a septiembre. A veces la oficina de turismo ofrece circuitos nocturnos muy evocadores.

○ En el 2023, la Association des Amis de la Basilique de Saint-Seurin inició una campaña para recaudar 2,9 millones de € para construir un centro de visitantes, mejorar su apagada iluminación y crear un recorrido sonoro inmersivo para los visitantes. *Faire un don* (donar) en línea en basilique saintseurin.org.

✕ Una pausa

Hacer un descanso con un café exprés, café hecho en frío o un refrescante *affogato espresso* en **L'Alchimiste** (alchi miste-cafes.com).

Circuito a pie 🚶

'Flânerie' por el Burdeos burgués

Para aquellos flâneurs *(paseantes) en ciernes que quieran disfrutar del ambiente local en lugar de hacer turismo puro y duro, no hay mejor barrio. Explorar el apacible Saint-Seurin consiste en saborear su inconfundible ambiente burgués pero sin prisas.*

Datos

Inicio Place Gambetta
Final Rue Labottière
Distancia 4 km; 2 h

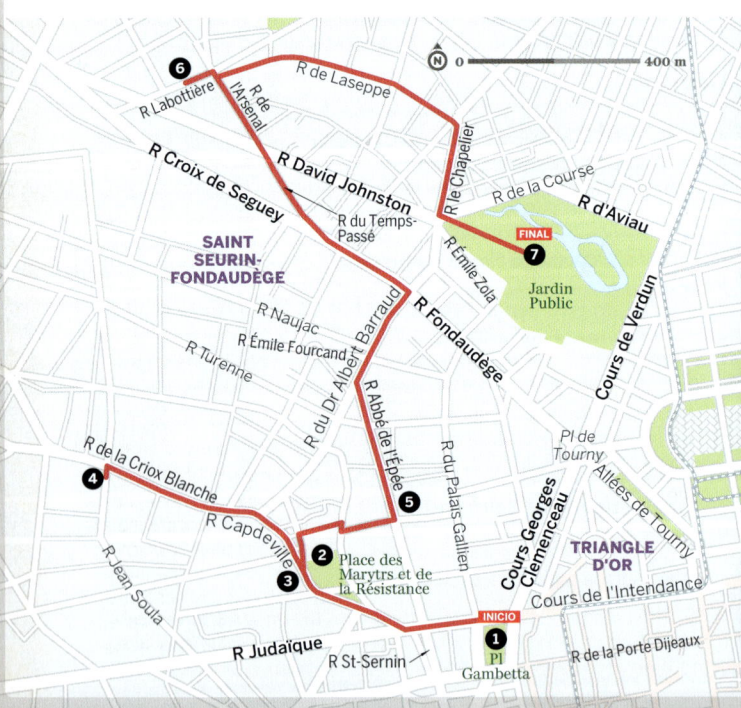

❶ Place Gambetta

Esta gran **plaza** (p. 102) ampara el centro geográfico exacto de Burdeos en el s. XIX, señalado con un hito de piedra que indica el *point zéro* delante del nº 10. Hay que pasear con calma –básico en la *flânerie*– por la plaza arbolada, admirando este elegante plantel de casas señoriales del s. XVIII. Delante del nº 5 destaca la concha de vieira que indica la ruta a los peregrinos que siguen el Camino de Santiago.

❷ Place des Martyrs et de la Résistance

Ir al oeste por la Rue Judaïque hasta esta preciosa plaza, presidida por la colosal y románica **basílica de Saint-Seurin** (p. 96). En las fachadas de las casas señoriales, conviene fijarse en los mascarones, unas máscaras decorativas inspiradas en el Renacimiento de moda entre los arquitectos bordeleses del s. XVIII. A menudo se inspiraban en Baco, dios del vino, para esculpir en piedra estas caras.

❸ Hôtel Frugès

Este llamativo hotel del nº 63 se construyó en 1878, pero fue renovado en un estilo ecléctico *art déco/nouveau* en 1913 por el empresario industrial Henri Frugès. Apasionado del arte, contrató a los mejores artistas y artesanos de la época para "modernizar" la mansión con balcones de hierro forjado, una galería, un templete en el último piso, ventanas salientes, vitrales decorativos, cerámicas, pinturas y frisos de piedra.

❹ Gatos en la azotea

Bajar por las callejas hasta la Rue Jean Soula, donde, en el nº 109, un gato sentado observa atento desde el tejado. Hay más gatos decorativos en piedra del arquitecto francés Jean-Jacques Valleton (1841-1916) en este barrio amigo de los felinos.

❺ Yndō Hôtel

Hacer una pausa para un café y echar un vistazo al arte contemporáneo –como los provocadores murales del artista bordelés Yannick Fournié– en el **Yndō Hôtel** (yndohotelbordeaux.fr), en un *hôtel particulier* del s. XVIII.

❻ Château Labottière

Si es fin de semana, hay que calcular 20 min de agradable *flânerie* hasta la penúltima parada: más arte contemporáneo fantástico en el **Institut Culturel Bernard Magrez** (p. 101), alojado en Château Labottière, del s. XVIII y de un romanticismo imposible.

❼ Jardin Public

Para terminar, entrar a los **jardines urbanos** de Burdeos (p. 103), donde los *flâneurs* bordeleses han paseado desde 1755. Un siglo más tarde el parque se acondicionó al estilo inglés, con cuidados parterres, estanques ornamentales y una selva de flora exótica. Que nadie vaya con prisas para ver el catalogado Jardin Botanique, de 1629.

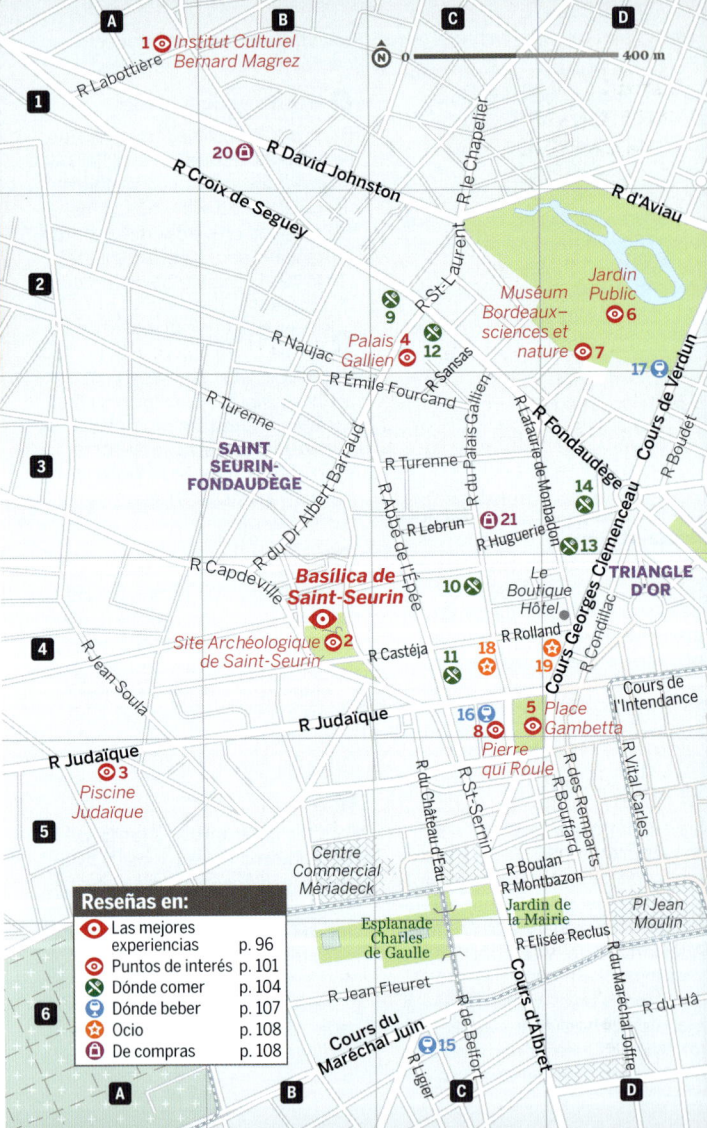

R Labottière

1 Institut Culturel Bernard Magrez

N 0 400 m

1

20 R David Johnston

R Croix de Seguey

R le Chapelier

R d'Aviau

R St-Laurent

2

9

Palais 4
Gallien 12

R Naujac

R Émile Fourcand

R Sansas

Muséum
Bordeaux–
sciences et
nature 7

Jardin
Public 6

17

Cours de Verdun

R Boudet

R Turenne

SAINT
SEURIN-
FONDAUDÈGE

R du Dr Albert Barraud

R Turenne

R du Palais Gallien

R Lafaurie de Montbadon

R Fondaudège

3

14

R Abbé de l'Épée

R Lebrun

R Huguerie

21

13

Cours Georges Clemenceau

R Condillac

TRIANGLE
D'OR

R Capdeville

Basílica de
Saint-Seurin

10

Le
Boutique
Hôtel

Site Archéologique
de Saint-Seurin 2

R Castéja

R Rolland

4

R Jean Soula

11

18

19

5 Place
Gambetta

Cours de
l'Intendance

R Judaïque

16

8

Pierre
qui Roule

R Vital Carles

R Judaïque 3

Piscine
Judaïque

R du Château d'Eau

R St-Serrin

R des Remparts

R Bouffard

5

Centre
Commercial
Mériadeck

R Boulan
R Montbazon

Jardin de
la Mairie

Pl Jean
Moulin

6

Esplanade
Charles
de Gaulle

R Elisée Reclus

R du Maréchal Joffre

R Jean Fleuret

Cours d'Albret

R du Hâ

Cours du
Maréchal Juin

R de Belfort

R Ligier

15

Reseñas en:

◉	Las mejores experiencias	p. 96
◉	Puntos de interés	p. 101
✕	Dónde comer	p. 104
♟	Dónde beber	p. 107
★	Ocio	p. 108
🔒	De compras	p. 108

Puntos de interés

Institut Culturel Bernard Magrez
GALERÍA

1 🔵 **PLANO P. 100, A1**

Relucientes arañas de luces, suelos de parqué, techos con molduras originales y bonitos paneles de madera color verde menta crean un escenario romántico para las cautivadoras exposiciones de arte contemporáneo que se montan en el **Château Labottière.** Este *château* neoclásico, hoy propiedad del Instituto Cultural Bernard Magrez, se construyó en 1773 para los hermanos bordeleses Antoine y Jacques Labottière, que dirigían una pequeña imprenta en Burdeos. (institut-bernard-magrez.com)

Site Archéologique de Saint-Seurin
YACIMIENTO ARQUEOLÓGICO

2 🔵 **PLANO P. 100, B4**

No hay que confundirlo con la cripta de la basílica de Saint-Seurin (p. 96). Este yacimiento arquitectónico, al que se baja por una escalera de delante de la entrada principal de la basílica, fue descubierto en 1910 durante las excavaciones de parte de la enorme necrópolis cristiana debajo de la Place des Martyrs et de la Résistance. Se recomienda bajar a su subsuelo de luces mortecinas para admirar lápidas de los ss. IV-VI, ánforas y otras reliquias antiguas. (📞 05 56 00 66 08)

Carlomagno en Burdeos

Cuenta la leyenda que Carlomagno enterró a muchos de sus leales caballeros en la necrópolis cristiana de debajo de la Place des Martyrs et de la Résistance, hoy el **Site Archéologique de Saint-Seurin,** perdidos en la batalla de Roncesvalles en el año 778 cuando las tropas vascas tendieron una emboscada al ejército de Carlomagno en el puerto de montaña de los Pirineos. Después de dicha batalla Carlomagno colocó el cuerno de marfil que había soplado su valeroso sobrino, Roland, en el altar de la basílica (Seurin incluso aparece mencionado en el famoso poema épico medieval francés *Cantar de Roldán*). La valiosa reliquia, venerada durante siglos por los peregrinos, permaneció en la basílica de Saint-Seurin hasta la Revolución Francesa, cuando la iglesia fue saqueada y el cuerno desapareció.

Piscine Judaïque

NATACIÓN

3 PLANO P. 100, A5

Esta preciosa piscina *art déco* se inauguró en 1936. Una de las dos piscinas cubiertas tiene el techo retráctil y hay un *spa*, un tobogán para críos y muchas tumbonas. Es obligatorio llevar gorro y bañador tipo Speedo (*s'il vous plaît,* que ningún hombre vaya con bermudas). (05 56 51 48 31)

Palais Gallien

RUINAS

4 PLANO P. 100, C2

Fueron las tribus celtas las primeras en asentarse en Burdeos, pero la ciudad no empezó a florecer hasta 200 años más tarde, bajo el dominio romano. Por aquel entonces se llamaba Burdigala; hoy lo único que queda de entonces son las ruinas de este anfiteatro del s. III.

Place Gambetta

PLAZA

5 PLANO P. 100, C4

Los antiguos nombres de la plaza –Place Dauphiné y Place Nationale– siguen grabados en la fachada del nº 38 como recuerdo de su pasado histórico. Enmarcada por edificios del s. XVIII, la plaza al principio quedaba extramuros, lo que resulta irónico, porque aquí está el *point zéro,* el centro geográfico de la ciudad en el s. XIX desde el que se medían todas las distancias desde Burdeos. Un hito

Burdigala romana

Los bituriges vivisci, una tribu celta, se asentaron en el pantanal de la desembocadura del río Devèze –un afluente en la margen izquierda del río Garona– en el s. IV a.C. Los romanos ocuparon la ciudad en el año 60 a.C. y no tardó en convertirse en un centro de comercio de hojalata y plomo en el Imperio romano. Se plantaron las primeras vides, y se construyeron magníficos templos, baños, un acueducto y un anfiteatro. En el **Musée d'Aquitaine** (p. 44) de Burdeos hay una maqueta de cristal de un anfiteatro de 20 000 asientos en su momento de esplendor; hoy estas ruinas en Saint-Seurin se conocen como **Palais Gallien.**

En el s. III, Burdigala se convirtió en la capital de Aquitania romana. Se cercó la ciudad con murallas en el año 271, y las antiguas lápidas funerarias (hoy en el Musée d'Aquitaine) de comerciantes romanos venidos de todo el Imperio, utilizadas como cimientos de las murallas, muestran lo próspera y cosmopolita que era Burdigala. Se dice que el vino de aquí, transportado en las características ánforas de cerámica de fondo plano, se servía incluso en la mesa del emperador en Roma.

Place Gambetta.

de piedra delante del nº 10 señala el punto exacto.

Jardin Public

JARDINES

6 PLANO P. 100, D2

En el Jardin Public, el paisajismo es artístico e informativo, con muchos carteles explicativos. Creados en 1755 y transformados al estilo inglés un siglo más tarde, los jardines incorporan estanques con patos, el catalogado **Jardin Botanique** de 1629 y el Muséum Bordeaux – sciences et nature. Cuando hace calor, los espectáculos de marionetas entretienen a los paseantes los fines de semana y se ofrecen sesiones de yoga los sábados por la mañana todo el año.

Muséum Bordeaux – sciences et nature

MUSEO

7 PLANO P. 100, D2

Con más de un millón de especímenes (de los que 3500 se exponen en un momento dado), el Museo de Ciencias y Naturaleza de Burdeos es uno de los más impresionantes de Francia; los objetos expuestos más antiguos se exhiben desde 1791. Ubicado desde 1857 en el elegante Hôtel de Lisleferme (1780), en el florido Jardin Public, el moderno museo utiliza exposiciones interactivas y pantallas digitales con excelentes resultados. En la planta baja, los menores de 6 años pueden disfrutar del Musée des Tout-Petits. (museum-bordeaux.fr)

Burdeos en la Edad Media

La caída del Imperio romano abrió las compuertas a una oleada de invasiones de los vándalos, visigodos, francos y demás tribus germánicas del norte. La nueva fe del cristianismo llega a la región, se construyen iglesias y pasan por la ciudad los primeros peregrinos que van a Santiago de Compostela. En el 778, después de la calamitosa batalla de Roncesvalles, Carlomagno entierra a muchos de sus leales caballeros en la iglesia de Saint-Seurin, la más antigua de la ciudad construida sobre una necrópolis galorromana. En el s. XI, la región cae en manos de los duques de Gascuña y después, del duque de Aquitania.

Pierre qui Roule
BICICLETAS DE ALQUILER

8 PLANO P. 100, C4

En esta tienda especializada de la Place Gambetta alquilan bicicletas urbanas y patines en línea para recorrer la ciudad; también cascos (1 €) y asientos portabebés (3 €), y cuenta con una excelente variedad de monopatines y *trottinettes* (patinetes). (pierrequiroule.fr)

Dónde comer

Ressources
FRANCESA €€

9 PLANO P. 100, C2

Cuando un restaurante en Francia abre solo por la noche, de lunes a viernes, es bueno, seguro. Los platos del chef ecológico con estrella Michelin Tanguy Laviale festejan los productos de temporada de la región: *cèpes* (boletos calabaza) de otoño, trufas de verano, ajos silvestres recogidos en el bosque en abril y ruibarbo de la huerta en mayo. Nada se desperdicia y la sostenibilidad está en la esencia de cada plato. (restaurantressources.com)

Tentazioni
ITALIANA €€

10 PLANO P. 100, C4

Los productos de temporada del mercado son las estrellas de los sensacionales platos franco-italianos del chef italiano Giovanni Pireddu en este bistró con estrella Michelin. Su mujer bretona, Johanna, atiende a los clientes en un salón con cierta elegancia italiana contemporánea. Cabe esperar tentaciones caseras como *agnolotti* ("ravioli") rellenos de pato con anguila ahumada o ñoquis de pichón y tinta de calamar. (tentazioni-bordeaux.fr)

Zéphirine
FRANCESA €€

11 PLANO P. 100, C4

Siguiendo la tendencia al alza en Francia de comer en una *épicerie,* el epicúreo Zéphirine vende productos locales de *gourmet* en su tienda delantera y platos de temporada recién hechos en su *auberge urbaine* (albergue urbano) trasero. No hay carta: se puede elegir entre dos o tres platos, y disfrutar de fuentes de patés y *terrines* caseras a compartir, sopas, ensaladas, carnes asadas y demás. Reservar es esencial. (zephirine.fr)

Mets Mots

BISTRÓ €€

12 PLANO P. 100, C2

El talentoso y joven chef Léo Forget seduce a los gastrónomos bordeleses con su impresionante neobistró de comida de kilómetro cero, con una elegante barra de zinc, un suelo que combina la madera aglomerada con baldosas geométricas retro y una pared tra-

sera cubierta de periódicos color sepia. El menú del mediodía escrito en la pizarra, que podría incluir *confit de canard* (confit de pato) con verduras o bacalao agridulce, ofrece una relación calidad-precio sin igual. (metsmots.fr)

Calles para comer

La gastronomía en este barrio selecto es chic, moderna y se concentra en tres calles paralelas: la Rue Abbé de l'Épée, la Rue Lafaurie Monbadon y la Rue du Palais Gallien. Los precios suelen ser más caros que económicos.

Muséum Bordeaux – sciences et nature (p. 103).

ANDY ARTHUR/ALAMY STOCK PHOTO ©

Saint-Seurin y Fondaudège Dónde comer

Caprichos dulces bordeleses

'Cannelés'

Se dice que el pastelito característico de Burdeos, el *cannelé*, lo hicieron las frugales monjas por primera vez en el s. XVI cuando recogían harina derramada en los muelles, la mezclaban con docenas de yemas de huevo sobrantes (las claras se utilizaban para clarificar el vino tinto) y añadían un chorrito de ron barato de las colonias para hacer pastelitos para los pobres. Cierto o no, este pastelito se suele servir con el café al final de una comida o como *goûter* (tradicional tentempié de tarde) y hoy se encuentra en todo Burdeos. En la emblemática pastelería **Baillardran** (baillardran.com) aún utilizan los tradicionales y relucientes moldes de cobre. El *cannelé* perfecto es crujiente y caramelizado por fuera pero cremoso por dentro.

Sopa de cerezas

La *soupe aux cerises au vin de Bordeaux,* una maravilla de postre bordelés, es una sopa de cerezas hervidas con vino tinto, azúcar, vainilla y anís estrellado. Una vez hierve, la sopa se aparta del fuego y se deja en reposo durante tres días. Las cerezas henchidas de vino están espectaculares. *Le Millas* es otro postre antiguo, horneado en muchas cocinas de *château* con huevos, azúcar, harina y leche ligeramente perfumada con ralladura de limón o almendra.

Caramelos y galletas

Un *bouchon de Bordeaux* no es el tradicional *bouchon* (corcho; los vinateros bordeleses aún lo utilizan), sino un pequeño barquillo relleno de una explosiva mezcla de pasta de almendras y uvas confitadas maceradas en brandi Fine Bordeaux.

Otras exquisiteces dulces incluyen las *dunes blanches* (buñuelos de pasta *choux* rellenos de nata montada con notas a vainilla) y las galletas *macaron* que solo contienen claras de huevo y almendras de Saint-Émilion. Las mejores (pero caras) son las de **Nadia Fermingier** (macarons-saint-emilion.fr), taller de galletas de la década de 1930.

Los *fanchonnettes bordelaises* son caramelos ovalados hervidos y rellenos de almendras, chocolate, café o pulpa de fruta. Fueron creados en el s. XIX por dos hermanas amantes de la música que bautizaron sus caramelos con el nombre de un cantante llamado Fanchon que vivía en su calle.

Nama

FUSIÓN €€

13 PLANO P. 100, D3

Dos chefs son los responsables de la cocina franco-japonesa en este restaurante con antiguas paredes a piedra vista y decoración contemporánea. La carta sorpresa, que cambia cada tres semanas, quizá incluya *pot au feu* (estofado) de pescado y marisco, tartar de ternera o cerdo marinado en especias dulces, acompañado de una carta de vinos atrevida y caprichosa. (namawinerestaurant.com)

Baud et Millet

QUESO €€

14 PLANO P. 100, D3

Si gusta el queso o el vino, o ambos, entonces este modesto bistró de barrio repleto de lecheras de hojalata es oro. Sirve más de 100 quesos en todos los formatos, y casi el mismo número de vinos. Los amantes curiosos del *fromage* deberían probar un Mont d'Or de temporada al horno, solo disponible de octubre a marzo.

Se puede terminar con una *mousse* de cerezas y chocolate hecha con leche de cabra de los Pirineos. (📞 05 56 79 05 77)

Dónde beber

Gusco

CAFÉ

15 PLANO P. 100, C6

Desde los diminutos ramos de flores secas "plantados" en un lecho de granos de café dentro de jarrones de cristal a las paredes verde menta y las lámparas de mimbre, se cuida hasta el más mínimo detalle en este local de cafés de especialidad. Pauline –la única tostadora y barista mujer de Burdeos– es el motor creativo que hay detrás. Al mediodía, sus *tartines* (tostas), ensaladas y pasteles están igual de ricos.

Un roscón de reyes

El 6 de enero (Epifanía), con motivo de la llegada de los Reyes Magos a Jerusalén para rendir homenaje al Niño Jesús, se celebra en las mesas de las familias con un *galette des Rois*. Una tarta de hojaldre rellena de *frangipane* en el resto de Francia pero que en Burdeos es un roscón de *brioche* en forma de corona, con frutas confitadas y cristales de azúcar. Recetas aparte, el juego siempre es el mismo. ¿Quién morderá la única *fève* ("el haba") escondida en la tarta? El afortunado será coronado rey con una diadema de papel dorado que se vende con el roscón. Hoy en día "el haba" es una figurita de porcelana. En consonancia con el espíritu bordelés, una *pâtisserie* de Burdeos ha producido hace poco 14 *fèves* diferentes para coleccionar: famosos monumentos de Burdeos en miniatura.

Una terraza perfecta bajo los árboles redondea el encantador conjunto. (☎ 06 10 37 29 29)

Sherlock Holmes 'PUB'

16 🚇 PLANO P. 100, C4

Con algunas mesas al aire libre en una calleja lateral y una cómoda barra donde sentarse, este *pub* británico tradicional atrae a los incondicionales de las pintas de cerveza. Dardos, puntuales concursos, deportes en la gran pantalla, juegos de mesa y cerveza inglesa genuina traída desde Eagle Brewery, en Bedfort, ofrecen los entretenimientos habituales. (sherlockholmespub.fr)

L'Orangerie CAFÉ

17 🚇 PLANO P. 100, D2

Cuando hace sol y calor, hay que sentarse en una silla naranja de la Orangerie, una cafetería bien situada (mejor para bebidas sencillas que para comida) con una amplia terraza en el florido Jardin Public (p. 103). Está al lado de la entrada oriental al parque urbano, en el Cours de Verdun. (lorangerie jardinpublic-bordeaux.fr)

Ocio

La Grande Poste CENTRO DE ARTES

18 ⭐ PLANO P. 100, C4

Admirar el techo abovedado *art déco* y las ventanas octogonales originales en la antigua oficina de correos, teléfono y telégrafo donde antaño los bordeleses hacían cola para mandar mensajes vía señales eléctricas. Cerrada en la década de 1970, hoy los urbanitas disfrutan aquí de un café, un *brunch* y un almuerzo; asisten a un espectáculo o concierto, curiosean en tiendas efímeras y cosas por el estilo. (lagrandeposte.com)

L'Auditorium SALA DE CONCIERTOS

19 ⭐ PLANO P. 100, D4

Conciertos de música clásica, *jazz, blues,* músicas del mundo, orquestas, etc., ocupan el escenario de esta sala acristalada y contemporánea gestionada por el teatro de la ópera de Burdeos. (opera -bordeaux.com)

De compras

Cave Briau VINO

20 🔒 PLANO P. 100, B1

Los vinos que se venden en esta surtidísima bodega no solo abar-

---

Dónde comprar

Saint-Seurin no es precisamente un barrio comercial como tal aunque haya bastantes *boutiques* pequeñas, independientes y especializadas en las calles al norte de la place Gambetta.

Quienes quieran comprar vino a granel deberían ponerse a la cola de la **Cave Briau,** que tiene una fantástica selección de vinos de la región a precios de *château;* hay un práctico *parking* justo delante.

can toda la gama de precios (de 3 € a más de 5000 € por botella), sino que las botellas además están ordenadas por precios para que uno encuentre fácilmente aquel vino que mejor se adapte a su bolsillo. Hay unas 500 referencias, a precio de *château*. Dos veces al mes, la bodega organiza catas. (briau.com)

Le Goût du Papier

ARTE Y ARTESANÍAS

21 🔒 PLANO P. 100, C3

Esta *concept store* dedicada al papel –artículos de papelería, esculturas, libros y juguetes– es una maravilla. Sus talleres de manualidades de los fines de semana para adultos y niños (desde 15 €) exploran la creación de álbumes de recortes, papiroflexia, guirnaldas, títeres de dedo, diarios personales y demás manualidades con papel.

Más información en su sitio web. (legoutdupapier.fr)

El lujoso Le Boutique

Las catas a ciegas de vinos, el *brunch* dominical y los conciertos animan el elegante bar de vinos y tapas de **Le Boutique** (hotelbordeauxcentre. com), un lujoso hotel de cuatro estrellas en un precioso *hôtel particulier* del s. XVIII.

Oliv'Art

COMIDA

"Agitateur des Papilles" (agitador de papilas gustativas) es el titular de esta tentadora *boutique* (véase **16** 🔵 plano p. 100, C4), una tienda de comestibles *gourmet* especializada en aceites de oliva y vinagres de bodegas locales. También vende *tapenades*, salsas, galletas y demás, todo de aceite de oliva. (facebook.com/OlivartBordeaux)

Circuito a pie 🥾

Pasear por el histórico Saint-Émilion

Alojado entre fotogénicos viñedos con fama de producir algunos de los mejores tintos con cuerpo de Francia, el medieval Saint-Émilion es el pueblo vitivinícola más bonito y mágico de la región de Burdeos. A un fácil trayecto en tren de la ciudad, vale la pena ir a pasar el día para probar el excepcional vino in situ y explorar su casco antiguo en la lista de la Unesco.

Cómo llegar

🚗 Saint-Émilion está 47 km al este de Burdeos.

🚌 De Gare Saint-Jean a Saint-Émilion (10,40 €, 35 min), y después un paseo de 1,7 km hasta el pueblo.

❶ En una terraza al fresco

Comprar un café en la **Place du Clocher** y contemplar la plaza del mercado original del pueblo a vista de pájaro. La **oficina de turismo** (saint-emilion-tourisme.com), en un refectorio del s. XV, está en esta plaza.

❷ 'Clocher' de la iglesia monolítica

Recoger la llave en la oficina de turismo y subir los 196 escalones del **Clocher de l'Église Monolithe,** el campanario de estilo gótico flamígero de la iglesia excavada en una roca caliza entre los ss. XII y XV. Regala unas vistas preciosas de los viñedos hasta Burdeos.

❸ Église Collégiale

A la derecha de la oficina de turismo, un pasaje abovedado lleva al romántico claustro de la **Église Collégiale.** Hay que cruzarlo para acceder a la iglesia, con una nave románica con cúpula del s. XII y un coro abovedado casi cuadrado de los ss. XIV y XVI.

❹ Una lección de vino

Salir de la tenue iglesia y dirigirse a la sagrada **Maison du Vin de Émilion** (maisonduvinsaintemilion. com). Poner el olfato a prueba en una exposición sobre las diferen-

tes denominaciones y aromas de Saint-Émilion, y dejar que un sumiller guíe la cata de tres *grands crus* (vinos de calidad excepcional; 28 €).

❺ Un almuerzo 'gourmet'

Continuar con las emociones enológicas degustando *lamproie à la bordelaise* (estofado de lamprea en vino tinto) y vinos de la bodega de piedra del s. XIX en el famoso bistró **L'Envers du Décors** (envers-dudecor.com). Si lo que se ansía es almorzar entre viñas, hay que ir al **Les Belles Perdrix** (troplong-mondot.com), con estrella Michelin, sito en un bello edificio color crema, en la finca de Château Troplong-Mondot.

❻ Place de l'Église Monolithe

Recorrer las características *tertres* (calles estrechas y empinadas) del pueblo hasta la **Place de l'Église Monolithe,** otra maravilla medieval.

❼ La Tour du Roy

Subir esta maciza **torre cuadrada,** lo que queda de una torre de homenaje del s. XIII. Desde lo alto, las vistas de Saint-Émilion, el río Dordoña y su bucólico valle embelesan.

Explorar ⬡

Chartrons, Bassins à Flot y Bacalan

Los contrastes entre lo viejo y lo nuevo seducen a los visitantes en esta parte bohemia de Burdeos donde cobra vida su rica historia vinícola. Los estudios de artistas y las boutiques salpican el barrio "rural" de Chartrons, donde vivieron los monjes cartujos de 1383 al s. xv. Al norte de las Bassins à Flot (dársenas) está el barrio portuario de Bacalan del s. xix.

Lo esencial

○ *La Cité du Vin (p. 114)* Adentrarse al mundo del vino en el principal museo de la ciudad.

○ *Bassins des Lumières (p. 116)* Disfrutar de una exposición de arte inmersivo en una base de submarinos de la II Guerra Mundial.

○ *Musée du Vin et du Négoce (p. 122)* Conocer el negocio del vino de Burdeos en Chartrons.

○ *I.Boat (p. 128)* Relajarse en la "playa" y bailar hasta el amanecer, a flote.

○ *Les Halles de Bacalan (p. 126)* Disfrutar de unas cervezas y comida callejera junto al agua en las dársenas de Bacalan.

Cómo llegar y desplazarse

🚇 La línea B dirección norte de Gare Saint-Jean a Quinconces, después el tranvía C hasta las paradas de Chartrons o la Cité du Vin.

⚓ Los barcos B³ comunican el Quai de Bacalan y la Cité du Vin con Quai du Maréchal Lyautey (cerca de Palais de la Bourse) y el Quai des Queyries en la margen derecha.

Plano de la zona en p. 120.

Les Halles de Bacalan (p. 126). SYLV1ROB1/SHUTTERSTOCK ©

Las mejores experiencias

Aprender sobre el vino en la Cité du Vin

El emblemático "Guggenheim del vino" ocupa un curvilíneo edificio que recuerda un decantador de vino de cristal y aluminio que brilla con el sol. Los espacios catedralicios del interior abrazan todos los aspectos del vino: vides, el mundo del vino a través de los siglos, el terroir y su significado, el trabajo del vitivinicultor, el vino en el cine y dégustation (catas). Imprescindible para novatos y entendidos.

🎯 **PLANO P. 120, F3**

laciteduvin.com

Segundo piso

Subir la escalera hasta la exposición permanente. Acompañantes virtuales (incluidos en la entrada) guían al visitante por seis "universos" temáticos, cada uno con módulos interactivos. En **Wine Regions of the World** se sobrevuela en helicóptero 20 regiones vitivinícolas de 17 países del mundo; **Know How** explica cómo se elabora el vino, las variedades de uva, aromas, familias y estilos de los vinos; y **Through the Ages** repasa la historia de la producción y el comercio del vino en todo el mundo. A los más jóvenes les va a encantar abrirse camino solo con el olfato por el Bufé de los Cinco Sentidos en el universo del **Art of Living.** Las zonas temáticas **Wine around the World** y **Bordeaux** abarcan precisamente eso.

Primer piso

Es donde están las exposiciones temporales, que siempre versan sobre el vino. Hay una cómoda biblioteca con vistas al río y en el auditorio se proyectan películas.

Le Belvédère

Las visitas terminan en el piso 8º, en el panorámico **Le Belvédère** (que significa "El mirador"), un espacio acristalado con una monumental barra de 30 m y un techo hecho con miles de botellas de vino vacías. Para deleitarse con el panorama del río, la ciudad y los lejanos viñedos con una copa de cortesía de vino o zumo de uvas pasas. Se puede escoger entre tinto, blanco, rosado o espumoso, de 20 países diferentes, entre ellos Moldavia, Suiza y Georgia.

★ Consejos

o Con el Bordeaux City Pass (p. 146), la entrada es gratis antes de las 12.00; después cuesta 5 €.

o No hay que perder la entrada, pues sin ella no hay copa de vino al final.

o Para los talleres de cata de 1 h hay que apuntarse antes en línea.

o Imprescindible visitar la *boutique* de diseño de la planta baja, donde venden zapatillas veganas Zèta (zeta-shoes. com) hechas en Burdeos con "cuero de uva", o sea, los desechos de la vitivinicultura.

✕ Una pausa

Disfrutar de un almuerzo, unos vinos fabulosos (500 marcas) y vistas panorámicas en el Restaurant Le 7 del 7º piso (p. 127).

Para un almuerzo informal o unos quesos y unos vinos, nada mejor que la *brasserie*-bar de vinos Latitude 20 de la planta baja.

Las mejores experiencias 📷

Sumergirse en el arte de Bassins des Lumières

Es un engendro de proporciones siniestras, pero este mamotreto de hormigón armado de la II Guerra Mundial también esconde un señuelo macabro. La base submarina, diseñada como búnker para proteger los submarinos alemanes de los ataques aéreos, resultó ser indestructible para el Ejército británico durante la II Guerra Mundial. El búnker ahora es una galería de arte inmersivo y una sala de conciertos muy molona.

◎ PLANO P. 120, D1

bassins-lumieres.com

Historia

Durante la Guerra Franco-Prusiana en 1870 y, al comienzo de la I Guerra Mundial, cuando los alemanes amenazaron con avanzar hasta París, el Gobierno francés se refugió en Burdeos. En junio de 1940, el Gobierno se trasladó primero a Tours, en el valle del Loira, y después a Burdeos, aunque esto no salvó a la ciudad de los intensos bombardeos de la aviación alemana ni de la ocupación nazi ni de los bombardeos de los Aliados durante la II Guerra Mundial. Entre 1941 y 1943, la ciudad fue una base aérea y submarina clave para los alemanes, que explotaron a 6000 prisioneros de guerra para construir bases submarinas de hormigón armado a lo largo de la costa atlántica.

Una de esas cinco bases de submarinos, La Base Sous-Marine, albergó a la 12ª flotilla de submarinos alemanes. Se utilizó hasta 1944, cuando los alemanes la abandonaron antes que el Ejército aliado llegara a Burdeos. El búnker ocultaba 11 dársenas protegidas por un tejado de hormigón armado de 5,6 m de grosor. Un pasillo interior comunicaba las 11 dársenas, algunas de las cuales se podían drenar para convertirse en varaderos secos. Unos 1600 soldados alemanes estaban apostados aquí.

À la Memoire

Cerca de la entrada, el **Mémorial des Républicains Espagnols** recuerda a los miles de españoles, portugueses y demás prisioneros de guerra que trabajaron en este espantoso *chantier dantesque* (obra dantesca). Muchos murieron durante el proceso (de hambre, enfermedad o agotamiento) y fueron sepultados literalmente allí donde cayeron: en hormigón.

★ Consejos

o Visitarla los viernes o sábados por la noche, cuando Bassins des Lumières cierra a las 21.00.

o La entrada da acceso a las cuatro zonas expositivas. Hay que contar con 1¼ h.

o Los menores de 13 años deben ir acompañados por un adulto; no se recomienda a menores de 2 años.

o Hay conciertos, sesiones de DJ e incluso clases de yoga; el búnker es una de las salas de conciertos más vanguardistas de la ciudad.

✗ Una pausa

Comprar un perrito caliente o *croque monsieur* y una cerveza artesana local Mascaret en Le Kiosque des Bassins del aparcamiento.

Sentarse en una tumbona o jugar a la *pétanque* con unas copas en Effet Mer (p. 128).

Circuito a pie 🚶

Arte urbano

En un barrio en cuyo centro está el Museo de Arte Moderno (alojado, claro está, en una de las inconfundibles naves del s. XIX de Chartrons), lo más natural es que el arte urbano florezca en esta zona cada vez más gentrificada. Las obras de arte urbano dan color a las plazoletas y los estudios de artistas y los proyectos de arte experimental salen de debajo de las piedras.

Datos

Inicio Rue Notre Dame
Final Bacalan
Distancia 3,5 km; 1½ h

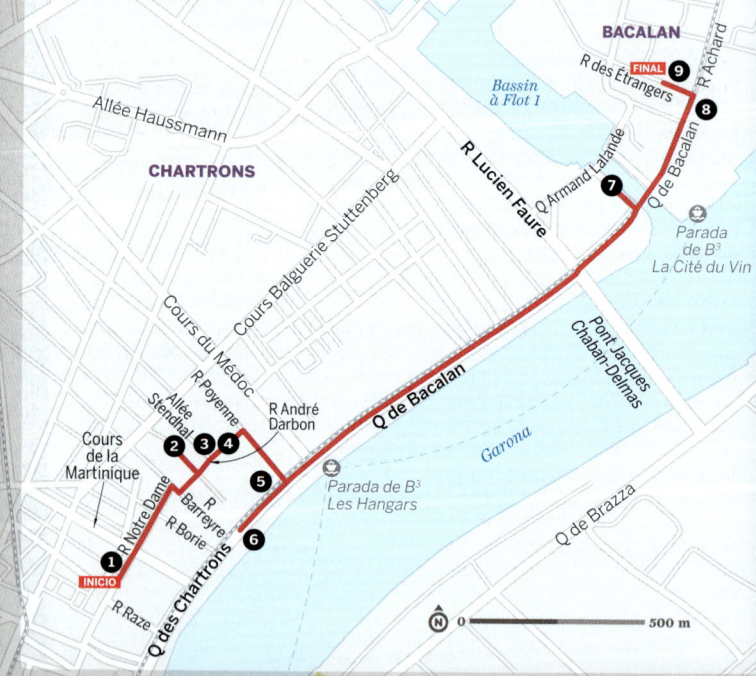

❶ Le 101

Empezar en la Rue Notre Dame, donde las persianas de las tiendas se convierten en lienzos a altas horas de la noche. Entrar a **Le 101** (p. 135), donde el artista gráfico Célestin Forestier crea ingeniosos grabados y pósteres con letras o eslóganes.

❷ Rue du Faubourg des Arts

Situada entre dos *chais* (bodegas) del s. XIX, la Rue du Faubourg des Arts está flanqueada por talleres de restauración de fotografías, porcelana, muebles pintados, curtiduría, lámparas y sombrerería. Solo abre por la tarde.

❸ The Wall

Lugar idóneo para ver a algún artista trabajando en **Le M.U.R.** ("Modular, Urban, Reactive"), o The Wall, en la Place Paul et Jean Paul Avisseaul. La pared de 35 m², un lienzo para artistas urbanos, da al patio de recreo de una escuela primaria y cambia cada mes. En la misma plaza se puede admirar un mural de dos perros del artista mexicano Spaïk.

❹ Rue André Darbon

Varias obras llamativas decoran esta calle, como *Le Message Secret* (2018) de Monkey Birds Crew & Saïd Dokins en la pared trasera del Gymnase des Chartrons, y uno de los inconfundibles retratos femeninos del artista francés del aerosol Alber (@alberoner), que aparecen en los lugares más insospechados de Burdeos.

❺ L'Afrique

Ir hacia el río por la Rue Poyenne. En 101 Quai des Chartrons un mural de una ballena de A-MO (@amoarts) recuerda a los 568 senegaleses del barco *L'Afrique* que murieron en un naufragio frente a la costa atlántica francesa en 1920.

❻ Parque de 'skate' de Chartrons

Patinadores en línea, *skaters* y ciclistas BMX realizan saltos, piruetas y cabriolas en las rampas y cornisas del **Skate Parc des Chartrons** al aire libre.

❼ Bassins à Flot

Callejear rumbo norte hasta la industrial Bacalan, donde firmas de colores y murales efímeros animan los edificios de **Quai du Sénégal** en el extremo sur de la dársena. Algunos se pintaron en el 2016 cuando Bassins à Flot acogió la 1ª edición del festival de arte urbano de Burdeos, Shake Well, hoy anual.

❽ Les Vivres de l'Art

No hay lugar que evoque tanto la vena experimental de este barrio creativo como la cooperativa de arte **Les Vivres de l'Art** (p. 123), en un almacén naval del s. XVIII.

❾ Le Garage Moderne

Contemplar otro retrato femenino de Alber y codearse con artistas locales en las fiestas veraniegas de **Le Garage Moderne** (p. 123), sí, un garaje, en un hangar con joyas *vintage* expuestas entre elevadores.

BACALAN

R Achard

1

2

3

4

F

E

D

C

B

A

4 Le Garage Moderne

5 Les Vivres de l'Art

La Cité du Vin

Parada de B³ La Cité du Vin

R des Étrangers

20

9 Pont Jacques Chaban-Delmas

11 ✕

16 ✕

Q du Sénégal

Q Armand Lalande

Q de Bacalan

7 Musée Mer Marine

Bassin à Flot 1

8

CAP Sciences

Bassins des Lumières

Cours Henri Brunet

15 ✕

18

R Lucien Faure

Moon Harbour

19

Bassin à Flot 2

Bd Alfred Daney

21

R Lucien Faure

Cours Balguerie Stuttenberg

Allée Haussmann

Bd Alfred Daney

Cours du Médoc

Cours Journu Auber

Ave Emile Counord

Puntos de interés

Musée du Vin et du Négoce

MUSEO

1 🎯 PLANO P. 120, B6

Este pequeño Museo del Vino y el Comercio, en uno de los edificios más antiguos de la ciudad –la casa de un mercader irlandés de 1720 en el antiguo barrio comercial de Chartrons–, permite conocer los orígenes del comercio del vino de Burdeos y la importancia del *négociant* (comerciante) en los ss. XVIII y XIX. Las bodegas abovedadas exhiben decenas de objetos, como los barriles de duela de roble hechos a mano y botellas de vino de todos los tamaños, desde una Avion a una Melchior. (museeduvinbordeaux.com)

Musée de l'Histoire Maritime de Bordeaux

MUSEO

2 🎯 PLANO P. 120, B6

En una antigua casa unifamiliar de Chartrons, este pequeño museo marítimo presenta a los armadores, comerciantes, exploradores, navegantes, poetas y filósofos que ayudaron a forjar la rica historia marítima de la ciudad. Entre los fascinantes objetos expuestos hay mapas históricos, instrumentos de navegación y maquetas de embarcaciones, todas donadas por familias locales, desde la época romana a la actualidad. (musee histoiremaritimedebordeaux.fr)

Musée Mer Marine (p. 124).

HEMIS/ALAMY STOCK PHOTO ©

Musée d'Art Contemporain

GALERÍA

3  PLANO P. 120, B8

El cavernoso Entrepôts Lainé, construido en 1824 para almacenar mercancías de las colonias francesas como café, cacao, cacahuetes y vainilla, crea un telón espectacular para el arte vanguardista del Museo de Arte Contemporáneo de Burdeos, donde destacan las obras de Keith Haring y las fotos del interior ruinoso de los almacenes en la década de 1980 del fotógrafo parisino Georges Rousse.

Se recomienda subir al café de la azotea, un oasis de paz para tomar un excelente café a cubierto o al fresco. (CAPC; capc-bordeaux.fr)

Le Garage Moderne

CENTRO CULTURAL

4  PLANO P. 120, F2

Tres entregados mecánicos ayudan a los lugareños a reparar sus propios coches y bicicletas en este garaje alternativo, un catedralicio hangar en el inquieto barrio de Bacalan que hace las veces de centro de cultura experimental y cantina. Se puede dar una vuelta por este espacio lleno de curiosidades *vintage* –un antiguo autobús de Aquitania, butacas de cine, vajillas…– y después relajarse con un café o almuerzo.

La mejor época para visitarlo es verano, cuando el garaje se convierte en un lugar de copeo, fiestas vespertinas, eventos culturales, exposiciones, conciertos y actuaciones en directo (*hip hop,* electro, etc). (legaragemoderne.org)

Un domingo por la mañana en el muelle

De día los muelles del Garona se llenan de corredores, patinadores y, por la tarde, de *flâneurs* (paseantes), pero es durante el animado mercado de alimentos de los domingos por la mañana en Quai des Chartrons cuando se despliega un hipnótico bazar de colores, aromas y ruido. Disfrutar del *brunch* en el popular **Au Couvent** (p. 126) –¡hay que reservar!– o ponerse a la cola del *food truck* del mercado para tomar ostras recién desbulladas.

Les Vivres de l'Art

GALERÍA

5  PLANO P. 120, F3

Codearse con la bohemia bordelesa en este destartalado *atelier* (taller) donde Jean-François Buisson, uno de los artistas residentes, crea esculturas fantásticas e instalaciones con chatarra. Muchas de sus obras adornan el jardín comunitario, con un bar y una "pista de baile" alternativa. El elegante pabellón neoclásico de 1785 fue una base militar para la infantería de marina del rey.

En el jardín hay una caja de metal, "Les Livres de l'Art", donde se pueden tomar libros prestados, y la residencia de artistas hace las veces de escenario de teatro, danza y música alternativos. Los mercadillos, los DJ y las actuaciones en directo animan el cotarro los fines de semana. (lesvivresdelart. org)

Pavé des Chartrons CALLE

 6 PLANO P. 120, A8

La inmensa riqueza que el Burdeos del s. XVIII amasó gracias a su puerto se hace más que evidente en esta sofisticada avenida flanqueada por elegantes *hôtels particuliers* (mansiones). Aquí es donde los adinerados mercaderes del vino europeos tenían sus residencias privadas. El Hôtel Fenwick se construyó entre 1793 y 1800 para el comerciante estadounidense Joseph Fenwick, que poseía viñas cerca de Burdeos. Cuando el presidente George Washington lo nombró cónsul en 1790, su residencia de la esquina de Quai des Chartrons se convirtió en el primer consulado oficial estadounidense del mundo.

Musée Mer Marine MUSEO

7 PLANO P. 120, E2

Este emblemático museo consta de tres plantas dedicadas al mundo marítimo de Burdeos que explican su historia, ciencia, cultura y tradiciones. Incluyen temas como la historia de la navegación y el descubrimiento, batallas navales, la conquista científica del Atlántico y el fascinante mundo de la oceanografía. El edificio —una impresionante obra de arquitectura contemporánea que recuerda a un transatlántico— fue diseñado por el arquitecto bordelés Olivier Brochet.

Delante de la entrada principal, el tiburón de 7 m de altura colgado como un trofeo de caza es obra del artista francés Philippe Pasqua en el 2017. Recuerda a los 100 millones de tiburones que el ser humano mata cada año en todo el mundo, poniendo en peligro la supervivencia de la especie. (MMM; mmmbordeaux.com)

Ginebra en Burdeos

Si el vino no es el fuerte del viajero, podría investigar la dinámica escena de ginebras de Burdeos. Las visitas guiadas por la destilería de ginebra y *whisky* **Moon Harbour** (moonharbour.fr) sumergen al visitante en las entrañas del búnker de submarinos de la II Guerra Mundial de Bacalan, donde los *blends* se añejan en barriles de vino Sauternes. **Gin Ahoy** (ahoygin.com) se envasa en botellas estampadas por el tatuador bordelés Lil'B. En **Domaines François Lurton** (domainesfrancoislurton.com), uno de los bodegueros más venerados de Burdeos añeja su Sorgin Yellow Gin en barricas de vino sauvignon blanc.

Pont Jacques Chaban-Delmas.

CAP Sciences

MUSEO

8 PLANO P. 120, E4

Vanguardista museo de la ciencia que ocupa un imponente hangar de hormigón a orillas del río y acoge exposiciones de todo tipo, desde robótica o meditación digital a energía renovable, las estrellas, el tiempo o la luz. Las muestras son siempre interactivas y rebasan las fronteras tradicionales de la museología. Los talleres temáticos interactivos para niños incluyen astronomía, realización de películas, química sostenible, fotografía y experimentos culinarios en el Labo Miam; hay que reservar antes en línea. (cap-sciences.net)

Pont Jacques Chaban-Delmas

PUENTE

9 PLANO P. 120, E4

El puente levadizo más alto de Europa cruza el río Garona con gracia y aplomo cerca de la entrada a la Bassins à Flot. Por la noche, sus cuatro características torres de 77 m de altura se iluminan de color azul en pleamar y verde en bajamar.

Inaugurado en el 2013, el puente debe su nombre a Jacques Chaban-Delmas, primer ministro durante el gobierno de Georges Pompidou (1969-1972) y alcalde de Burdeos durante 48 años (1947-1995).

Rue Notre Dame

Aparte de encantadoras *boutiques,* anticuarios e irresistibles restaurantes, la calle principal de Chartron cuenta con dos interesantes edificios emblemáticos. En el nº 10 está la fachada clásica del **Temple des Chartrons** (1832-1835), una iglesia desacralizada con una fachada columnada construida en el s. XIX para la comunidad protestante del distrito comercial. En el nº 29 aguarda la fachada de ladrillo rojo y azulejos de los **Grands Bains des Chartrons** (hoy un *parking*), otra ostentosa propiedad construida en 1895 para un rico comerciante de vino. Al norte, dos campanarios neogóticos de 58 m coronan la **iglesia Saint-Louis** (1879).

Les Bateaux Bordelais CRUCERO

10 PLANO P. 120, B8

Disfrutar de la ciudad, su vino y sus maravillas culinarias desde otro prisma, sobre el Garona. Los cruceros duran 1½ -2 h y pueden incluir almuerzo, cena o cata de vinos a última hora de la tarde. Hay que comprar los billetes antes en el quiosco junto al muelle, al lado del pontón (delante de 2 Quai des Chartrons), de donde también parte el transporte público fluvial. (lesbateauxbordelais.com)

Dónde comer

Les Halles de Bacalan ZONA DE RESTAURACIÓN €

11 PLANO P. 120, E3

En un hangar ribereño delante de la Cité du Vin, este despampanante y moderno mercado es un lugar ideal para comer algo rápido y de calidad: pescado, hamburguesas, carne, ostras, aves de corral, productos italianos y quesos. Hay unos 20 puestos. Para sentarse en la barra frente a la cocina o al fresco con vistas a las dársenas. (biltoki.com/en/halles/bacalan)

Casa Gaïa FRANCESA €

12 PLANO P. 120, B7

Esta cocina artesanal, que ensalza el *savoir-faire agricole* (pericia agrícola), propone tapas creativas: melón con jamón y aceite aromatizado con cebollino y verbena, calamar de Hondarribia y encurtidos, tofu rebozado con kétchup de calabaza... Los boles, platos principales y postres son igual de originales, predominantemente ecológicos y religiosamente del campo a la mesa. Los fines de semana está hasta la bandera, incluido su diminuto patio trasero. (casagaia.fr)

Au Couvent MEDITERRÁNEA €

13 PLANO P. 120, B7

Las paredes de piedra vista, la chimenea de otra época y los alféizares con flores añaden un encanto instantáneo a este local de una calle lateral llevado por la portentosa Marine. Platos pecaminosos en la carta con tentaciones como *carpaccio* de alcachofa con aliño aromatizado con trufa, roscos de pollo y cacahuetes y minihamburguesas. El *brunch* del domingo es una cita muy jovial. Hay que reservar en línea. (aucouvent.com)

Bocca a Bocca   ITALIANA €€

14 🍴 **PLANO P. 120, B7**

Los lugareños no se cansan de esta *trattoria* a la luz de las velas con terraza en verano en la calle principal de Chartron. Las ensaladas son descomunales, con berenjenas a la parrilla, mozzarella, jamón San Daniele y otros productos típicos italianos, y compiten con los entremeses y demás platos principales como la polenta con gorgonzola, panceta y hojas de espinacas tiernas o la hamburguesa Bocca con queso burrata y verduras a la brasa. (epicerielabocca.com)

Le 7 Restaurant   FRANCESA €€

Para almorzar con vistas aéreas del puerto industrial, el río y la ciudad hay que subir a este deslumbrante espejismo (véase **5** ◉ plano p. 120, F3) de cristal, acero y planchas doradas del 7º piso de la Cité du Vin (p. 114). El interiorismo es 100% contemporáneo, la cocina es francesa tradicional (caracoles de Borgoña, caviar, filetes) con alguna pincelada creativa y la asombrosa carta de vinos, con 500 referencias, se puede consultar en un iPad. (le7restaurant.com)

Quai des Chartrons

A lo largo de los años, esta calle ribereña tan de moda ha visto de todo. En 1860 el rico mercader holandés Hilaire Renu hizo construir dos **casas unifamiliares** idénticas en los números 28 y 29. Desde su oficina junto al muelle podía ver cómo sus barriles de vino se embarcaban rumbo a Inglaterra y el norte de Europa.

Bastante más sobria es la **placa conmemorativa** delante de 17 Quai des Chartrons en recuerdo al primer navío con personas esclavizadas que zarpó del muelle en 1672. Hasta 1837, otros 500 viajes desde Burdeos enviaron a 150 000 personas esclavizadas de África a las Américas. En el extremo sur del muelle hay una **estatua de Marthe Teslas** (1765-1870) con la mirada que se pierde en el agua. Esta niña del este de África fue comprada a la edad de 16 años por los comerciantes bordeleses Pierre y François Testas en algún momento entre 1778 y 1781, fue convertida en esclava y concubina de François Testas en Saint-Dominique y, cuando este falleció en 1795, fue liberada y heredó sus bienes.

La Guinguette de Blonde Venus

INTERNACIONAL €

15 PLANO P. 120, D3

Disfrutar junto al río de un bol de mejillones o navajas o platos para compartir como *tataki* de ternera y *halloumi* a la parrilla es lo que propone este divertido local veraniego. El vecino I.Boat (p. 128) es el motor de la estacional *guinguette*, una "sala de baile" al aire libre con copas y comida y un ambiente de fiesta. Cierran lunes y martes. (iboat.eu/blonde-venus)

Familia

BISTRÓ €€

16 PLANO P. 120, F3

Con el nombre del cine que daba vidilla al barrio en la década de 1920, este restaurante grande y luminoso está delante de la Cité du Vin. Sirve tapas en tarros de cristal en Le Comptoir (El mostrador) y cocina de mercado más consistente en su Brasserie. (Brasserie des Halles; familia-brasserie.fr)

Copas en la azotea

Unirse a los lugareños para un ritual *apéro* (aperitivo) a última hora de la tarde y para una generosa panorámica desde el café de la azotea del **Musée d'Art Contemporain** (p. 123), de la **Cité du Vin** (p. 114) o desde la coctelería **Gina** (p. 130), en el último piso del Renaissance Hotel.

Dónde beber

Symbiose

COCTELERÍA

17 PLANO P. 120, B7

Este local clandestino tiene algo de tentador con esa entrada verde frente al río, en los lindes del barrio de Chartrons. Es la taberna clandestina que introdujo en Burdeos el maridaje de buenos cócteles con platos gastronómicos. El chef utiliza productos artesanales de proximidad, y los cócteles recuperan recetas anticuadas que llevan siropes caseros e ingredientes 'olvidados', exóticos o atípicos. (Old-Fashioned Stories; @symbiose bordeaux)

I.Boat

DISCOTECA

18 PLANO P. 120, D3

Hip-hop, rock, indie pop, psyche blues rock, punk y *hardcore* son solo algunos de los géneros musicales que suenan en este divertido local nocturno y sala de conciertos, en un ferri retirado de servicio y amarrado en las modernas e industriales Bassins à Flot. Los conciertos arrancan a las 19.00 y los DJ, a las 23.30. (iboat.eu)

Effet Mer

LOUNGE

19 PLANO P. 120, D1

La idea de un club a la provenzal con vistas a un búnker de hormigón de la II Guerra Mundial es difícil de entender. Pero funciona. Hay que ponerse un sombrero de paja, pedir una limonada con albahaca y jengibre o un cóctel, y

Vino de Burdeos

La rica franja de viñedos de Burdeos abarca 120 000 Ha a ambos lados del río Garona, suscitando el eterno debate sobre qué orilla es mejor, la Rive Gauche (margen izquierda) o la Rive Droite (margen derecha). Las viñas, robustas y generosas, las cuidan 6300 *vignerons* (viticultores) que producen hasta 5,7 millones de hectolitros de vinos tintos, blancos, rosados y espumosos cada año. En todo el mundo, cada segundo se venden 21 botellas de vino de Burdeos.

Denominaciones de origen

Toda la región de Burdeos está dividida en 65 denominaciones de origen (zonas de producción cuyo suelo y microclima confieren unas propiedades características al vino que allí se produce). Cada subregión geográfica produce como mínimo dos o tres denominaciones de origen diferentes; las hay que producen hasta doce.

Inusualmente para una región vinícola, casi todos los vinos de Burdeos se han ganado el derecho de incluir la abreviación AOC (Appellation d'Origine Contrôlée) en sus etiquetas. Este sello de calidad indica que el contenido de la botella ha sido cultivado, fermentado y envejecido de acuerdo a las estrictas normas que regulan una abrumadora variedad de cuestiones viticulturales como el número de cepas permitidas por hectárea, los métodos aceptables de poda o la técnica de la vendimia.

Clasificaciones

Fue en la Exposición Universal de París de 1855, organizada para mostrar al mundo las habilidades de Francia, cuando Napoleón III pidió a los comerciantes de Burdeos que crearan una clasificación –o sea, un *ranking* de calidad– de los vinos que exponían para ayudar a los visitantes a separar el grano de la paja. La lista resultante de esta Bordeaux Classification de 1855 sigue siendo el Santo Grial en el mundo del vino.

Se han incorporado más clasificaciones pero aún son los 60 *châteaux* del Médoc y Graves de la lista original los más venerados. Los mejores cinco *châteaux* clasificados como *premier cru* ("primer viñedo") –Château Mouton Rothschild, Château Latour y Château Lafite-Rothschild (todos con la AOC Pauillac), Château Margaux (AOC Margaux) y, en Graves, Château Haut-Brion (AOC Pessac-Léognan)– son los dioses de los vinicultores bordeleses, con precios también por las nubes.

Le 7 Restaurant (p. 127).

La nueva central de bares

Un multicine con 13 salas, restaurantes modernos de cocina internacional –italiana, brasileña, hamburguesas neoyorquinas, etc.– y varias cervecerías con grandes terrazas bordean los muelles revitalizados. **Quai Lawton,** cuyo *pub* australiano Café Oz siempre está hasta la bandera, y **Quai Virginie-Hériot,** donde está **My Beers,** están junto a las dársenas. Conviene estar atentos a las próximas inauguraciones.

relajarse bajo un olivo. El picoteo informal (*sushi*, ostras, *California rolls, croques monsieurs* y patatas fritas), las mesas amarillas y las 'pistas' de *pétanque* potencian ese ambiente de "sur de Francia". (effetmer-bordeaux.fr)

Gina
BAR DE AZOTEA

20 PLANO P. 120, F3

Para unas vistas únicas del tejado de la Cité du Vin, se recomienda ir a este moderno bar del piso 9º del Renaissance Hotel. Sirven cócteles de inspiración italiana que mezclan licores aromatizados con albahaca, rúcula, ajo y queso parmesano. Las cervezas artesanas y los refrescos están hechos en Burdeos. (gina-bordeaux.fr)

My Beers

CERVECERÍA

21 PLANO P. 120, C1

La enorme terraza de esta cervecería se desparrama por el ancho, llano y peatonal Quai Virginie Hériot, con vistas a Bassins à Flots. Tienen nueve cervezas de barril, más de 100 en botella y una agenda repleta de noches de juegos, eventos deportivos televisados, conciertos, *soirées* temáticas y campeonatos de *beer-pong*.
(mybeers.fr)

La Pelle

CAFETERÍA

22 PLANO P. 120, A7

En el antiguo distrito comercial del vino, esta cafetería con paredes de piedra vista y una balsámica paleta de colores azul-pizarra es un lugar tranquilo para sentarse a tomar un rico café exprés. El café de filtro es el punto fuerte del barista Théo, pero todo está bueno aquí, incluido el vistoso *latte* de remolacha, servido con una galleta de té verde y chocolate blanco.
(lapellecafe.com)

Fire Walk

PUB

23 PLANO P. 120, B7

Cócteles y cerveza artesana, juegos de cartas y de mesa tradicionales, monologuistas, espectáculos de *drag queens,* sesiones de DJ y conciertos: sea cual sea la bebida o el entretenimiento predilectos del viajero seguro que lo tiene este *pub* con TV con partidos deportivos, mesas de billar, dardos y una parrilla. La *happy hour* de cervezas es de 18.00 a 19.30.
(@firewalkbar)

Yarra

BAR DE VINOS

24 PLANO P. 120, A7

Este bar de vinos franco-australiano, con un guiño al río que pasa por Melbourne donde Albane, amante del vino de Burdeos, conoció a Aaron, también amante del vino, tiene una emocionante

---

Dónde se sale cuando cae la noche

Salir a tomarse unos vinos es lo que se lleva en esta antigua zona comercial del vino de la ciudad, con *dégustation* (cata) y copas de cinco estrellas en **Cité du Vin** (p. 114) y un par de bares de vinos en Chartrons. Como el barrio es de moda también se encontrará ron, *whisky,* cerveza artesana, café de especialidad y algunas de las mejores coctelerías artesanales de la ciudad. Cuando hace buen tiempo, se llenan las terrazas de Quai des Chartrons, encaradas al río.

La vida nocturna se reduce a las barcazas reutilizadas como discotecas en las dársenas y a bailar bajo las estrellas en jardines sembrados de esculturas.

Subregiones vinícolas de Burdeos

Los viñedos de Burdeos se dividen en varias subregiones.

Graves y Sauternes

La bonita aventura viticultural de Burdeos empieza en Graves, al sur de la ciudad, en la margen izquierda del Garona, donde se plantaron las primeras cepas en el año 1 d.C. Uno de los blancos más conocidos de Burdeos, Pessac-Léognan, se produce aquí, así como sus mejores y mundialmente famosos *vins liquoreux* (vinos dulces): la lenta y laboriosa vendimia para los vinos Sauternes y Barsac se realiza a mano en octubre y noviembre y las uvas se seleccionan tres veces para garantizar una calidad superior; 2014 es una cosecha excepcional.

Entre-Deux-Mers

En la otra orilla del Garona, al sureste de la ciudad de Burdeos, está la zona vitivinícola "Entre las mareas", que debe su nombre a su singular ubicación entre los ríos Garona y Dordoña. Más del 50% del vino de Burdeos, blanco principalmente, se produce aquí.

Le Libournais

Esta interesante región, en ambas orillas de tres ríos (el Dordoña, el Dronne y el Isle) al este de la ciudad de Burdeos, incluye nombres de relumbrón como Pomerol, Fronsac y Saint-Émilion (p. 110).

Blaye y Bourg

Si se va hacia el norte y sin salir de la margen derecha del río Dordoña y también del estuario de Gironda al que el río vierte sus aguas para que discurran hasta el Atlántico, esta subregión vitivinícola produce tintos y blancos secos con una mezcla de las variedades bordelesas de uva más férreamente tradicionales (merlot, cabernet sauvignon y sauvignon). Sus viñedos notablemente montañosos atrapan el sol.

Médoc

En la otra orilla, en la margen izquierda del Garona y del estuario de Gironda al noroeste de la ciudad de Burdeos, está el célebre Médoc, una vasta zona exclusivamente de tintos con un clima oceánico y con Pauillac como centro vinícola y ciudad portuaria. Es una zona vitivinícola relativamente "joven" para tratarse de Burdeos, porque las vides no se plantaron aquí hasta el s. XVIII.

carta de vinos de añada de todo el mundo, algo no tan fácil de encontrar en Francia y mucho menos en Burdeos. Suele organizar catas con vitivinicultores locales, y el generoso *brunch* de los fines de semana y el jardín trasero son una maravilla. (facebook.com/yarrabordeaux)

Les Furies Douces

BAR DE VINOS

25 PLANO P. 120, B6

Con una entrada de color verde menta enmarcada por un jazmín en flor en primavera, este pequeño *bar à vin* entre las tiendas de la calle principal de Chartrons llama la atención al momento. Saber que su carta solo tiene vinos ecológicos elaborados por mujeres vitivinicultoras lo hace fascinante.

Si se va tarde, podría haber alguien tocando el piano; las Furias Dóciles es la creación de Andrey Bocahut, música clásica y apasionada de la enología, que cambió París por Burdeos. (facebook.com/lesfuriesdouces)

De compras

Échoppe de la Lune

COMIDA Y BEBIDAS

26 🔒 PLANO P. 120, D5

Esta tienda *gourmet* expone sus productos epicúreos –todos hechos en Burdeos y Gironda– en orden cronológico para que repasar la historia de la gastronomía local se convierta en un maravilloso vals.

Desde el popularísimo licor anisado creado por la pionera em-

Do You Speak Français? (p. 134).

presaria bordelesa del s. XVIII Marie Brizard en 1755, a las conservas de pescado destinadas a los mercaderes del s. XIX que se hacían a la mar, y la creación de una conservera artesanal en Château Semens en 1981 para dar empleo a personas con discapacidades, la historia es apasionante. Se puede comprar un frasco de sal de roca empapada en merlot de l'Île de Ré. (echoppe-delalune-bordeaux.com)

Concrete Raw CONCEPT STORE

27 PLANO P. 120, D5

En el ribereño centro comercial **Bord'Eau Village,** esta *concept store* ecológica ensalza la moda sostenible y ética. Se podría comprar una bolsa enrollable

de bicicleta hecha con botellas de plástico recicladas, joyas de la artista bordelesa Claire, o los sublimes productos faciales y corporales con perfume a pino de Océopin hechos con piñones recogidos en Cap Ferret, al sur, en la costa. (concrete-raw.com)

Do You Speak Français? CONCEPT STORE

28 PLANO P. 120, B6

Gaëlle y Maxime son los artífices de esta estimulante *concept store* que vende bolsos, camisetas, complementos de moda y artículos para el hogar. La *boutique* se ve enseguida: está debajo de un balcón de hierro forjado de color rosa. (facebook.com/doyouspeakfrancais)

Village Notre Dame.

Cartopolo

MAPAS

29 🔒 PLANO P. 120, B6

Quien quiera obsequiar a los suyos con algo original debería visitar este *atelier* de cartografía donde reproducen mapas locales, regionales y del mundo desde un ángulo alternativo. ¿Quién podría resistirse a un grabado de la luna tal como se dibujó en 1887, a un mapa de 1900 de todo lo que se veía desde el 3er piso de la Torre Eiffel o a un mapa moderno del río Garona? (cartopolo.fr)

Le 101

ARTE

Esta tienda alegre (véase **25** 💠 plano p. 120, B6) vende ingeniosos grabados y pósteres con letras y palabras del diseñador gráfico Célestin Forestier que son un bonito recuerdo, y diferente, para llevarse a casa. (101-lesite.com)

Mat Green Concept

MODA Y COMPLEMENTOS

30 🔒 PLANO P. 120, B7

Calcetines y gorros de borlas de lana ecológica, velas artesanas Bô Rivage hechas en Biarritz, pósteres y postales de surf inspirados en Les Landes: artículos de decoración para el hogar y *slow fashion* para hombres y mujeres son el punto fuerte de esta *boutique* independiente en la comercial Rue Notre Dame de Chartrons. (matgreenconcept.com)

Comprar, beber y comer

A lo largo del río, los hangares donde se almacenaban las mercancías que llegaban al puerto en la década de 1920 se han transformado en el centro comercial **Bord'Eau** (bord-eau-village.com). Las terrazas de los restaurantes y cafés ribereños (9.00-24.00) dan a la calle donde las tiendas *outlet* de las grandes marcas se intercalan entre *boutiques* interesantes y *concept stores* ecológicas. Que nadie se pierda la historia de la fabricación de alimentos y bebidas de Burdeos en **Échoppe de la Lune** (p. 133) ni la moda sostenible de **Concrete Raw.**

Village Notre Dame

ANTIGÜEDADES

31 🔒 PLANO P. 120, B7

Esta enorme galería de antigüedades que ocupa una antigua imprenta cuenta con puestos llenos de muebles y objetos decorativos de los ss. XVII-XX, tapices, cuadros, artículos para el hogar y objetos de plata. Sea un retrato de Napoleón III, un antiguo globo terráqueo de 1857 o una tetera de plata del s. XIX, todo está aquí.

Merece la pena 🔭

Región vitivinícola de Médoc

Al noroeste de Burdeos, por la costa occidental del estuario de Gironda, se extienden algunos de los viñedos más famosos de Burdeos. Una zona vitivinícola "joven", pues las vides no se plantaron hasta el s. XVIII en el Médoc y la región ahora tiene ocho denominaciones de origen. Es uno de los mejores territorios vinícolas el mundo, apuntalado por potencias míticas como Mouton Rothschild, Latour y Lafite Rothschild.

Cómo llegar

🚗 Se recomienda recorrer esta zona en coche porque el transporte público no llega a los *châteaux*. Hay 1 h de trayecto desde el centro de Burdeos o 50 min desde el aeropuerto hasta el punto de partida, Bages.

❶ Château Lynch-Bages

Empezar 50 km al norte de Burdeos (1½ h en coche), en el adinerado pueblo de Bages, donde vive la familia Cazes. Los vinos de su venerada finca, **Château Lynch-Bages** (lynchbages.com), estaban entre los 18 prestigiosos *Cinquièmes Crus* clasificados por primera vez en 1855. Una visita guiada (con reserva previa) por sus modernas instalaciones, diseñadas en el 2022 por el arquitecto Chien Chung Pei (hijo de I. M. Pei, creador de la pirámide de cristal del Louvre), es inolvidable.

❷ Café Lavinal

Este encantador bistró de la familia Cazes, como anclado en la década de 1930 y con una terraza en la plaza mayor, ofrece 220 vinos a elegir para acompañar un clásico almuerzo de bistró: ostras de Médoc, mollejas de ternera, salchicha de tripa y demás clásicos franceses.

❸ Pauillac

Ir 2 km al noreste hasta este pueblo portuario en plena tierra vinícola, rodeada por las denominaciones de origen Haut-Médoc, Margaux y Saint-Julien. En el paseo marítimo orillado por mansiones del s. XIX, se puede recoger un folleto en la **Maison du Tourisme et du Vin** (pauillac-medoc.com), que detalla un paseo autoguiado de 1½ h. En julio y agosto se puede volver a la oficina de turismo para conocer a un *viticulteur* de Médoc.

❹ Saint-Estèphe

Seguir 9 km al norte hasta Saint-Estèphe, con 1250 Ha de viñedos que producen los tintos más complejos y potentes de Médoc, aún ricos después de 50 años. Se llega por la D2, para admirar de paso las famosas bodegas Château Mouton Rothschild, Château Lafite Rothschild y Château Cos d'Estournel.

❺ 'Carrelets'

Emprender rumbo sur hasta Burdeos por la margen izquierda (D2E4) del estuario de Gironda para disfrutar de los *carrelets* (cabañas de pesca sobre pilotes) que orlan el suave y fangoso paseo fluvial, tremendamente románticas al atardecer.

❻ Labarde

De seguir hacia el sur por este paisaje de viñas y extraordinarios *châteaux,* se pueden admirar, de camino a Labarde, los famosos Château Ducru-Braucaillou y Château Margaux, con bodegas diseñadas por Norman Foster. En la antigua estación de tren del pueblo aguarda una sinfonía de platos del chef nacido en Pauillac Thibault Guiet en **Nomade** (restaurant-nomade.fr, reservar mesa es esencial).

Merece la pena 👀

Bassin d'Arcachon

Cuando los bordeleses urbanos necesitan respirar aire puro y divertirse junto al mar, recorren 65 km hacia el suroeste hasta la plácida y triangular bahía de Arcachón (Bassin d'Arcachon), en el margen inferior de la costa atlántica. Con amplias y resguardadas playas, una próspera ostricultura y caminos para ciclistas, no hay mejor lugar para recargar las pilas o pasar un día maravilloso.

Cómo llegar

Tren y autobús Hay trenes frecuentes entre Gare Saint-Jean de Burdeos y Arcachon (12,70 €, 50 min), desde donde la línea 3 de bus (bus-baia.fr) sigue hasta Dune du Pilat (billete sencillo/pase de un día 1/2 €, 30 min, cada hora).

❶ Arcachón

En la ribera sur de la bahía, esta elegante localidad costera y zona ostrícola con solera atrajo a los burgueses de Burdeos a finales del s. XIX. Cada uno de sus cuatro barrios lleva el nombre de una estación, con villas que evocan el dorado pasado de la localidad entre edificios de la década de 1950.

❷ Plage d'Arcachon

En el encantador Ville d'Été (barrio de verano), la Plage d'Arcachon está flanqueada por dos muelles. En el extremo occidental está el animado Jetée Thiers, de donde salen las embarcaciones a Cap Ferret y vuelven. El muelle del este, Jetée d'Eyrac, está presidido por un antiguo tiovivo y un casino torreado.

❸ Paseo costero en bicicleta

En primera línea de playa, hay que hacerse con una bici de **Dingo Vélos** (dingovelos.bike) e ir 8 km al sur por los suaves caminos ciclistas costeros que atraviesan pinares hasta la asombrosa Dune du Pilat.

❹ Dune du Pilat

Se puede subir la mayor duna de arena de Europa por una escalera (Semana Santa-med nov) o descalzo sobre la arena –helada en invierno y abrasadora en verano– y deleitarse con las vistas. Esta colosal duna, a 4 km del pueblecito turístico costero de Pyla-sur-Mer, se extiende 2,7 km desde la desembocadura de la Bassin d'Arcachon. Cada año crece 1,5 m por el este y ya ha engullido árboles, un cruce de carretera e incluso un hotel, según afirman los lugareños.

❺ Almuerzo con vistas

Impregnarse del glamour costero en el pabellón de caza de la década de 1930 convertido en el hotel-restaurante de diseño **La Co(o)rniche** (lacoorniche-pyla.com). Este sensacional establecimiento de la costa, perfectamente situado para una comida o una copa y unas tapas después de subir la duna, ofrece cocina francesa moderna y unas vistas inolvidables de la duna. Sentarse a una mesa junto a la piscina infinita o, para algo más económico o ligero, apalancarse con un cóctel y unas tapas en el mullido sofá del bar.

❻ Cap Ferret

De vuelta a Arcachón, se puede subir a una embarcación de UBA (bateliers-arcachon.com) hasta el pueblo ostrícola de Cap Ferret, bajo un dosel de pinos en la punta de la península de Cap Ferret. Pedalear entre casetas ostreras y alejarse hasta el faro en la costa oriental del cabo son placeres de otra época que vale la pena darse.

Guía práctica

Pont de Pierre (p. 60). JUSTIN FOULKES/LONELY PLANET ©

Antes de partir

Reservas

○ Reservar con antelación en temporada alta (primavera-ppios otoño), sobre todo para estancias de fin de semana.

○ Los céntricos Saint-Pierre, Saint-Paul y Quinconces tienen alojamientos de todos los precios y cerca de los puntos de interés clave, la vida nocturna, la animada oferta gastronómica y las calles comerciales.

○ A los hoteles del peatonal Saint-Pierre solo se puede ir a pie, o en coche en horarios reducidos. Los más económicos, con habitaciones que dan a las calles peatonales, pueden ser ruidosos.

○ Quien quiera conocer el incondicional encanto bordelés y la exquisita oferta gastronómica, debería ir a un B&B de precio medio o a un hotel en una histórica casa unifamiliar del "rural" Chartrons.

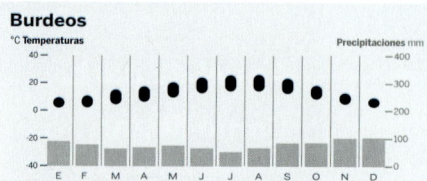

Burdeos

Cuándo ir

○ **Invierno** (dic-feb) Temperaturas suaves, más frías por la noche. Hay pocos turistas y se pueden visitar los puntos de interés *sans* aglomeraciones.

○ **Primavera** (mar-may) Los días son cálidos, las flores florecen, los mercados rebosan de productos locales y la vida en los cafés es al aire libre.

○ **Verano** (jun-ago) Hace mucho calor, con un cartel repleto de festivales, conciertos al fresco y demás actos culturales.

○ **Otoño** (sep-nov) Las hojas adquieren colores carmesí y dorado, y es tiempo de *vendange* (vendimia).

○ El eficiente sistema de tranvías que circulan cada 10 min entre la Cité du Vin y el núcleo de transporte Esplanade des Quinconces hacen que los nuevos hoteles de las dársenas de Bacalan sean una zona muy atractiva donde alojarse.

Webs

○ **Bordeaux Tourisme** (bordeaux-tourisme.com) Lista exhaustiva de alojamientos (hoteles, apartamentos, albergues, etc.) de la oficina de turismo.

Económico

Hôtel Notre Dame (hotelbordeauxchartrons.com) Habitaciones *vintage* en el corazón "rural" de Chartrons.

Hôtel de la Presse (hoteldelapresse.com) Hotel de diseño con excelente relación calidad-precio en Saint-Pierre, con un perro gigante en la sala del desayuno.

Auberge de Jeunesse (auberge-jeunesse-bordeaux.com) Durante muchos años, el único albergue de la ciudad.

Meninger Bordeaux Gare Saint-Jean (meininger-hotels. com) Hotel-albergue con todas las comodidades modernas en el nuevo barrio Euratlantique.

Central Hostel (centralhostel.fr) Dormitorios colectivos y habitaciones dobles al lado de la Rue Sainte-Catherine.

Precio medio

Mama Shelter (mamashelter.com/ bordeaux/) Habitaciones elegantes y minimalistas de Philippe Starck en un bloque de 1927.

Hôtel La Cour Carrée (lacourcarree. com) Interiorismo contemporáneo y paredes de piedra en una casa unifamiliar del s. XIX en el sofisticado Saint-Seurin.

Seeko'o Hôtel (seekoo-hotel.com) Deslumbrante diseño contemporáneo, blanco y curvilíneo, cerca de la Cité du Vin.

Moxy Bordeaux (https://www.marri ott.com/fr/hotels/

bodox-moxy-bor deaux/overview/) Al lado de La Cité du Vin, con un moderno salón de planta abierta; está muy bien comunicado en tranvía.

Renaissance Hotel (marriott.com) Contemporáneo cuatro estrellas en Bassins à Flot, con el vestíbulo en los antiguos silos y un bar en la 9ª planta.

Precio alto

Grand Hôtel de Bordeaux (bordeaux. intercontinental.com) Histórico y lujoso por antonomasia, con restaurante con estrella Michelin y bar de azotea en verano.

Marty Hotel (marty -hotel.com) Pop, diseño y arte urbano confluyen en este hotel de 61 habitaciones en Tapestry Collection de Hilton.

Le Boutique Hôtel & Spa (hotelbordeaux centre.com) Lujo de cuatro estrellas en una preciosa mansión del s. XVIII en el chic Saint-Seurin.

Maison La Course (lacourse-bordeaux. fr) El lujo definitivo, con cinco suntuosas

habitaciones, una extraordinaria bodega, piscina en la azotea y servicio a medida.

Los mejores B&B

Chez Dupont (chez-dupont.com) Diez elegantes habitaciones de tintes *vintage* en Chartrons.

Maison du Lierre (hotel-maisondu lierre-bordeaux.com) La serena Casa de la Hiedra da cobijo en habitaciones pintorescas y desayuno en un jardín.

L'Hôtel Particulier (lhotel-particulier. com) Lujosas habitaciones de época cerca de la catedral.

La Maison Cachée (lamaisoncachee -bordeaux.com) La Casa Escondida, apartada del centro, con cuatro habitaciones y un jardín maravilloso con piscina de agua salada.

Maison Fernand (maisonfernand.co) La pintora bordelesa Rosa Bonheur es la inspiración de la suite de esta elegante *maison d'hôte* de cuatro habitaciones.

Cómo llegar

Aéroport de Bordeaux

Aéroport de Bordeaux (BOD; bordeaux.aeroport. fr), o Bordeaux-Mérignac, está 10 km al oeste del centro, en Mérignac. Los vuelos a/desde muchos destinos de Europa occidental y norte de África utilizan las aledañas terminales A y B; Easyjet opera desde la terminal Billi, muy básica, que está al lado.

Tranvía

La línea A del tranvía, que gestiona **TBM** (infotbm.com/en), comunica el aeropuerto con la parada de Hôtel de Ville, en el lado sur de la Place Pey Berland. Los billetes (sencillo/ de 10 viajes 1,80/ 14,50 €), se venden en la máquina de la parada del tranvía, delante de la terminal principal, y hay que validarlos a bordo. Pasan cada 5 min (aprox.) entre 5.00 y 24.00. El trayecto dura 35 min.

Autobús

No hay razón para tomar el caro **autobús lanzadera 30'Direct** (30direct.com; 8 €, 30-40 min, más en hora punta) entre la Terminal B y Gare Saint-Jean. Los autobuses salen cada 30-45 min de 7.00 (más tarde en fin de semana) a 20.00. Los billetes se compran en línea o al conductor.

Taxi

Un taxi entre el centro urbano y el aeropuerto tarda 30 min (aprox.) y cuesta 35-50 € según el tráfico y la hora del día.

Automóvil y motocicleta

Las compañías de coches de alquiler más importantes tienen mostradores en la terminal principal del aeropuerto.

Gare Saint-Jean

La estación central de trenes de Burdeos es uno de los principales puntos de tránsito ferroviario de Francia. Los **TGV** de alta velocidad a/desde París circulan entre **Gare Saint-Jean** y Tours, en el valle del Loira, a 320 km/h. Esto sitúa Burdeos a solo 6 h de Londres en el **Eurostar** (eurostar.com), con un transbordo en París. En el 2024 empezaron las obras de una nueva línea de alta velocidad entre Burdeos y Toulouse, para conectar la costa atlántica con el Mediterráneo (Niza a través de Toulouse, Montpellier y Marsella) en el 2030.

Autobús y tranvía

Tomar el autobús nº 1, o la línea C o D del tranvía en la Place de la Victoire, delante de la estación de trenes. En dirección contraria, la línea C del tranvía va al norte por el río hasta el núcleo de transporte Esplanade des Quinconces (1,80 €).

Cómo desplazarse

Autobús y tranvía

◦ Los autobuses y tranvías urbanos de **TBM** (infotbm.com/en) circulan entre 5.00 y 1.00.

Conseguir los horarios y billetes en línea o en su oficina de información en Espace des Quinconces, el centro principal de tranvías y autobuses.

○ La línea C del tranvía comunica este último con la estación de trenes por la ribera del río; la línea B va al norte por el río hasta Bassins à Flot y La Cité du Vin.

○ En los autobuses solo venden billetes sencillos/de dos viajes válidos para 1 h (1,80/ 3,20 €). También los hay recargables pero hay que comprarlos en línea o a través de la aplicación de TBM. Un abono de 10 viajes/24 h cuesta 14,50/5 €; después de las 19.00, se puede comprar un Pass Soirée (3 €) nocturno que incluye viajes ilimitados hasta las 7.00 del día siguiente.

Bicicleta y patinete

○ El sistema de bicicletas compartidas **V³** (infotbm.com/fr/v3) de TBM permite acceder a 1800 bicicletas amarillas repartidas en estaciones de la ciudad. Los niños mayores de 14 años también pueden utilizarlas.

○ Hay que pagar 1,70 € para utilizar una bicicleta durante 24 h, más 2 €/h después de los primeros 30 min (que son gratis); hay que registrarse en la aplicación de TBM, en línea o, con una tarjeta de crédito, en una estación de V³.

○ Las bicicletas eléctricas se localizan y alquilan con la aplicación de Bird (bird.co), sincronizada con el sistema V³ de TBM.

○ Para moverse en patinete eléctrico, hay que descargarse las aplicaciones **Dott** (ridedott.com/ride-with-us/bordeaux) o **Tier** (tier.app).

Barco

○ Los barcos fluviales **B³** (infotbm.com) recorren la Rive Gauche (margen izquierda) entre la Cité du Vin, la parada "Les Hangars" ante el centro comercial Bord'Eau en Quai de Bacalan, Quai des Maréchal Lyautey (junto al Palais de la Bourse), y llegan a Quay des Queyries, en la margen derecha (cerca de Magasin Général).

○ Los billetes normales de TBM sirven, aunque a bordo venden los billetes (2€).

Automóvil y ciclomotor

○ El aparcamiento en la ciudad es caro y difícil de encontrar. Se recomienda buscar espacios libres en las calles laterales al norte del Musée d'Art Contemporain y al oeste del Jardin Public.

○ Se puede recorrer la ciudad en un ciclomotor (tipo Vespa) verde de **Yego** (fr.rideyego.com). Alquilan ciclomotores compartidos con una aplicación que permite a los usuarios geolocalizar uno de los 50 ciclomotores libres y reservarlo durante 15 min, el tiempo necesario para llegar al lugar localizado. Se pagan 0,22 €/min. No se necesita permiso de conducir.

Taxi

○ Llamar a 05 56 29 10 25 o localizar uno en la place de la Victoire.

Información esencial

Accesibilidad

○ Burdeos es complicada para la movilidad en silla de ruedas *(fauteuil roulant)* −calles adoquinadas y aceras con cafés, bordillos sin rampas, instalaciones públicas antiguas y mucho hotel económico sin ascensor−, pero se está intentando mejorar la situación y, con una buena planificación, se puede disfrutar de una estancia accesible sin problemas.

○ En la web de la oficina de turismo se describen cuatro itinerarios accesibles: burdeos-turismo.es.

○ Descargarse la aplicación **Jaccede** (jaccede.com) para ubicar los hoteles, restaurantes, cafés y bares accesibles en Burdeos.

○ Los muelles de Burdeos (8 km, 3 h) es una de las cuatro rutas accesibles trazadas; hay que descargarse los mapas de la ruta desde la web de la oficina de turismo.

○ Encontrar puntos de interés accesibles como la **Cité du Vin** con el distintivo **Tourisme & Handicap** en tourisme-handicaps.org.

○ Se puede descargar, en inglés, la guía Accessible Travel de Lonely Planet en shop.lonelyplanet.com/collections/accessible-travel.

Descuentos

Bordeaux City Pass (bordeauxcitypass.com) cubre la entrada a la **Cité du Vin** antes del mediodía, Bassins des Lumières y 15 museos y monumentos más. También incluye un circuito guiado gratis y transporte público ilimitado. Se vende en línea o en la **oficina de turismo** (burdeos-turismo.es).

Dinero
Cajeros automáticos

Los hay en el aeropuerto, la estación de trenes y en casi cada esquina. Suelen aceptar Visa, MasterCard y Amex.

Efectivo

Siempre se consigue mejor cambio en el país, pero estaría bien llegar a Burdeos con euros suficientes para tomar un taxi hasta el hotel, si hiciera falta.

Cambio de moneda

Cambiar moneda en las *bureaux de change* (oficinas de cambio) del aeropuerto.

Tarjetas de crédito

○ En casi todas partes se acepta el pago con tarjeta de crédito y débito.

○ Visa, MasterCard y Amex se aceptan en tiendas y supermercados y para viajar en tren, alquilar un coche y pagar en los peajes de las autopistas.

○ La mayoría de los cafés, restaurantes y hoteles aceptan el pago con tarjeta.

Propinas

Las cuentas de restaurantes y bares ya incluyen un 15% por el servicio pero, de estar satisfechos, siempre se puede dejar una pequeña propina "extra".

Bares En las bebidas servidas en la barra no se deja propina; en la mesa se puede redondear la cuenta si el servicio ha sido excepcional.

Cafés Dejar el 5-10% por un servicio intachable, sin ser obligatorio.

Hoteles Dar 1-2 € por bulto a los botones.

Restaurantes Dejar un 10% o algunos euros en la mesa después de pagar la cuenta.

Guías de circuitos Dar 1-2 € por persona.

Electricidad

Tipo E
220V/50Hz

Consejos para ahorrar dinero

○ Visitar museos y monumentos gratis como la **catedral de Burdeos** (p. 42), la **Place de la Bourse** (p. 46), **Le Garage Moderne** (p. 123) y la **basílica de Saint-Seurin** (p. 96).

○ Comprar una Bordeaux City Pass (p. 146); llegar antes de mediodía a la Cité du Vin para aprovechar la entrada gratis incluida en el abono.

○ Recorrer la ciudad a pie o en bicicleta.

○ Hacer coincidir la visita con el primer domingo de mes, cuando muchos puntos de interés son gratis.

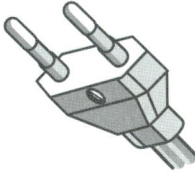

Tipo C
220V/50Hz

Fiestas oficiales

Año Nuevo (Jour de l'An) 1 de enero

Domingo y Lunes de Pascua (Pâques y Lundi de Pâques) Finales de marzo/abril

Día del Trabajo (Fête du Travail) 1 de mayo

Día de la Victoria 8 de mayo

Día de la Ascensión Mayo; 40 días después de Pascua

Pentecostés/ Domingo y Lunes de Pentecostés (Pentecôte y Lundi de Pentecôte) Entre mediados de mayo y mediados de junio; el 7º domingo después de Pascua

Día de la Bastilla/ Fiesta Nacional (Fête Nationale) 14 de julio

Día de la Asunción (Assomption) 15 de agosto

Día de Todos los Santos (Toussaint)
1 de noviembre

Día del Armisticio (L'onze Novembre)
11 de noviembre

Navidad (Noël)
25 de diciembre

Horario comercial

Bancos 9.00-12.00 y 14.00-17.00 lu-vi o ma-sa

Bares 19.00-1.00

Cafés 7.00-23.00

Discotecas 22.00-3.00, 4.00 o 5.00 ju-sa

Restaurantes 12.00-14.30 y 19.00-23.00 seis días a la semana; cierran lunes o martes

Tiendas 10.00-12.00 y 14.00-19.00 lu-sa

Información turística

Oficina de Turismo (burdeos-turismo.es) Ofrece circuitos por la ciudad y la región; se pueden reservar en línea antes o *in situ*.

Para información sobre el *département* de Gironda, véase gironde-tourisme.fr.

Lonely Planet (https://www.lonelyplanet.es/europa/francia/burdeos) ofrece útiles consejos de viaje.

Lavabos públicos

○ Los franceses ni se inmutan en los lavabos unisex; no hay que cortarse y pasar por los urinarios para llegar al aseo de señoras.

○ En los aseos mecánicos y autolimpiables de la calle no hay tiempo que perder: solo se dispone de 15 min. Verde significa *libre* (libre) y rojo, *occupé* (ocupado).

Tabaco

No se puede fumar en los espacios públicos cerrados, tampoco en restaurantes y *pubs* (aún se puede fumar en las terrazas al aire libre).

Teléfono

Llamar a Francia desde el extranjero Marcar el prefijo internacional del país desde el que se llama, después el 33 (prefijo de Francia) y el número local de 10 dígitos sin el 0 inicial.

Llamar al extranjero desde Francia Marcar 00 (prefijo internacional), el *indicatif* (prefijo del país), el prefijo de zona (sin el 0 inicial si lo hubiera) y el número local. Algunos prefijos de países están indicados en los teléfonos públicos.

Consultar la guía telefónica Para el *service national des renseignements* (guía telefónica) hay que marcar 11 87 12 o utilizar el servicio gratis en línea en 118712.fr.

Consulta de la guía telefónica internacional Para números de fuera de Francia, marcar 11 87 00.

Teléfonos móviles

○ Los números de móvil franceses empiezan con 06 o 07.

○ En Francia se utiliza GSM 900/1800, compatible con el resto de Europa.

○ Es más económico comprar una tarjeta SIM local de una empresa francesa de telefonía como Orange, SFR, Bouygues Télécom o Free, que ofrece un número local

Qué hacer y qué no

○ **Conversación** Si el viajero se dirige a alguien que no conoce o más mayor debe utilizar el formal *vous*; el informal *tu* se reserva a amigos cercanos, familia y niños.

○ **Iglesias** Vestir con decoro (cubrirse los hombros).

○ **Bebidas** Pedir *une carafe d'eau* (jarra gratis de agua del grifo) en restaurantes es aceptable. Nunca terminar una comida con un capuchino o un té. Hay que hacer como los franceses y pedirse *un café* (exprés).

○ **Besar a la francesa** Intercambiar *bisous* (besos) –dos en las mejillas en Burdeos– con conocidos y amigos.

de teléfono. Hay que recargarla con un crédito de prepago, pero no va a durar mucho porque las llamadas locales de prepago cuestan 0,50 €/min.

○ Las tarjetas de recarga se venden en la mayoría de *tabacs* (estancos), supermercados y webs como **Topengo** (topengo.fr) o **Recharge** (recharge.fr).

Urgencias y números importantes

Para llamar a un teléfono de Burdeos desde otro país, hay que marcar el prefijo internacional, el de Francia y el número de teléfono local sin el 0 inicial. Desde cualquier sitio de Francia, basta

con marcar el número de 10 dígitos porque en Francia no hay prefijos de zona.

Prefijo de Francia	33
Prefijo internacional	00
Ambulancia	15
Policía	17
Bomberos	18

Viaje seguro

Burdeos es bastante segura pero siempre hay que aplicar el sentido común.

○ No pasear solos de noche por Gare Saint-Jean, Marché des Capucins y la Place de la Victoire, porque son zonas sórdidas que atraen a personajes dudosos.

○ Evitar pasear cerca del Garona si se está

borracho o tambaleante; cada año se ahogan personas en el río.

○ Vigilar con los carteristas en la estación de trenes, el Marché des Capucins y otras zonas turísticas concurridas.

○ Elegir los restaurantes, bares y las discotecas con el adhesivo lila *"Ici Demandez Angela!"* en el escaparate: si alguien se siente amenazado o inseguro, hay que ir a alguien del personal y usar el nombre en clave "Angela". Dichos establecimientos figuran en plan.bordeaux.fr/Demandez_Angela.

Visados

○ No se necesitan para estancias superiores a 90 días (y menos,

Cargar dispositivos electrónicos

Para no quedarse sin batería lo mejor es llevarse el cargador. No hay que tener reparos en preguntar en cafés y restaurantes si se puede cargar el móvil; si se pide bien, no suele haber problema. En Burdeos siempre hay algún café que deja sus cables a los clientes. Los taxistas más avispados cuentan con una selección de cables y cargadores de móviles a disposición del pasajero.

los ciudadanos de la UE); hay nacionalidades que necesitan un visado Schengen.

○ Para información actualizada sobre visados, consultar la web del **Ministère des Affaires Étrangères** (diplomatie.gouv.fr).

Idioma

En francés existen dos formas de tratamiento para dirigirse a una persona: *vous* y *tu* (usted y tú). Se recomienda usar la más formal *vous* a no ser que se esté con amigos o niños, en cuyo caso es más apropiado el tratamiento informal *tu*. También se puede usar *tu* cuando una persona invita a tutearla.

Como en español, en francés todos los sustantivos son masculinos o femeninos, al igual que los adjetivos, los artículos *le/la* (el/ la) y *un/une* (un/una), y los posesivos *mon/ma* (mi), *ton/ta* (tu) y *son/sa* (su). En este capítulo se han incluido, cuando se ha considerado necesario, las formas masculina y femenina, separadas por una barra e indicadas como "m/f".

Vocabulario básico

Hola. *Bonjour.*

Adiós. *Au revoir.*

¿Cómo está? *Comment allez-vous?*

Estoy bien, gracias. *Bien, merci.*

Por favor. *S'il vous plaît.*

Gracias. *Merci.*

Disculpe. *Excusez-moi.*

Perdón. *Pardon.*

Sí./No. *Oui./Non.*

No entiendo. *Je ne comprends pas.*

¿Habla inglés? *Parlez-vous anglais?*

Comida y bebida

..., por favor.
..., s'il vous plaît.

Un café
un café

Una mesa para dos
une table pour deux

Dos cervezas
deux bières

Soy vegetariano.
Je suis végétarien/végétarienne. (m/f)

¡Estaba delicioso!
C'était délicieux!

La cuenta, por favor.
L'addition, s'il vous plaît.

De compras

Me gustaría comprar...
Je voudrais acheter...

Solo estoy mirando.
Je regarde.

¿Cuánto cuesta?
C'est combien?

Es demasiado caro.
C'est trop cher.

¿Puede bajar el precio?
Vous pouvez baisser le prix?

Urgencias

¡Socorro! *Au secours!*

¡Llamen a la policía!
Appelez la police!

¡Llamen a un médico!
Appelez un médecin!

Estoy enfermo.
Je suis malade.

Me he perdido.
Je suis perdu/perdue. (m/f)

¿Dónde están los aseos?
Où sont les toilettes?

Hora y números

¿Qué hora es?
Quelle heure est-il?

Son las (ocho).
Il est (huit) heures.

Son las (10) y media.
Il est (dix) heures et demie.

mañana	*matin*
tarde	*après*
noche	*soir*
ayer	*hier*
hoy	*aujourd'hu*
mañana	*demain*
lunes	*lundi*
martes	*mardi*
miércoles	*mercredi*
jueves	*jeudi*
viernes	*vendredi*
sábado	*samedi*
domingo	*dimanche*

1	*un*
2	*deux*
3	*trois*
4	*quatre*
5	*cinq*
6	*six*
7	*sept*
8	*huit*
9	*neuf*
10	*dix*
100	*cent*
1000	*mille*

Transporte e indicaciones

¿Dónde está...?
Où est...?

¿Cuál es la dirección?
Quelle est l'adresse?

¿Podría mostrármelo (en el mapa)?
Pouvez-vous m'indiquer (sur la carte)?

Querría ir a...
Je voudrais aller à...

¿Se detiene en (Amboise)?
Est-ce qu'il s'arrête à (Amboise)?

Quiero bajarme aquí.
Je veux descendre ici.

Entre bastidores

Actualización y sugerencias

Si el lector encuentra cambios en los lugares descritos u otros recién inaugurados, le agradeceremos que escriba a Lonely Planet en www.lonelyplanet.com/contact/guide book_feedback/new para mejorar la próxima edición. Todos los mensajes se leen, se estudian y se verifican. Quienes escriban verán su nombre reflejado en el capítulo de agradecimientos de la siguiente edición. Determinados fragmentos de la correspondencia de los lectores podrían aparecer en nuevas ediciones de las guías Lonely Planet, en la web de Lonely Planet, así como en la información personalizada. Se ruega a todo aquel que no desee ver publicadas sus cartas ni que figure su nombre que lo haga constar.

Agradecimientos de Nicola

Bisous de corazón a los muchos amigos y profesionales que nos ayudaron a encontrar lo mejor de Burdeos, incluidas la gurú del vino Jane Anson (@janeansonwine), Isabelle Voyer Martin (@french_disorder), Viveka Sandklef (@per sonadesigncafe), Karine Tiphagne Hecquet (@hoteldesdunes_cap ferret) y Louise Poupin (ladune dupilat.com).

Reconocimientos

Fotografía de cubierta: Viñedo, Burdeos, Francia; FreeProd33/Shutterstock © Fotografía de contracubierta: *Cannelé* (pastelito tradicional bordelés, p. 106), Burdeos, Francia; solkanar/Shutterstock ©

Índice

Véanse también los subíndices:

⊗ **Dónde comer p. 157**

⊕ **Dónde beber p. 157**

✪ **Ocio p. 158**

🔒 **De compras p. 158**

Puntos de interés 000
Planos **000**

✪ Ocio

🔒 De compras

La autora

Nicola Williams

Los *apéros* vespertinos y la *dégustation* (de vino, queso, salchichón, pastelería…) casi a diario son una forma de vida para Nicola Williams, escritora británica, *runner*, gastrónoma, aficionada al arte y madre de tres hijos que ha vivido más de la mitad de su vida en Francia. Cuando no está subiendo montañas y dunas de arena, sumergiéndose en agua fría y bebiendo vino o ginebra artesana para Lonely Planet, cubre Francia como experta de destino para el *Telegraph* y escribe artículos para *National Geographic Traveller UK*, BBC Travel y otros. Se la puede seguir en Instagram, Threads y Twitter @tripalong.

geoPlaneta
Av. Diagonal 662-664, 08034 Barcelona
viajeros@lonelyplanet.es
www.geoplaneta.com – www.lonelyplanet.es

Lonely Planet Global Limited
Lonely Planet Global Limited, Digital Depot,
The Digital Hub, Dublín D08 TCV4, Irlanda
www.lonelyplanet.com
Contacta con Lonely Planet en: lonelyplanet.com/contact

Burdeos de cerca
2ª edición en español – junio del 2024
Traducción de *Bordeaux*, 3ª edición – mayo del 2024
© Lonely Planet Global Limited
1ª edición en español – marzo del 2021

Editorial Planeta, S.A.
Av. Diagonal 662-664, 7º. 08034 Barcelona (España)
Con la autorización para la edición en español de Lonely Planet
Global Limited, Digital Depot,
The Digital Hub, Dublín, D08 TCV4, Irlanda

© Textos y mapas: Lonely Planet, 2024
© Fotografías 2024, según se relaciona en cada imagen
© Edición en español: Editorial Planeta, S.A., 2024
© Por la traducción del texto: Ton Gras, 2024

ISBN: 978-84-08-28715-5
Depósito legal: B. 1.939-2024
Impresión y encuadernación: Unigraf
Printed in Spain – Impreso en España

La lectura abre horizontes, iguala oportunidades y construye una sociedad mejor.

La propiedad intelectual es clave en la creación de contenidos culturales porque sostiene el ecosistema de quienes escriben y de nuestras librerías.

Al comprar este libro estarás contribuyendo a mantener dicho ecosistema vivo y en crecimiento.

En **Grupo Planeta** agradecemos que nos ayudes a apoyar así la autonomía creativa de autoras y autores para que puedan seguir desempeñando su labor.

Dirígete a CEDRO (Centro Español de Derechos Reprográficos) si necesitas fotocopiar o escanear algún fragmento de esta obra. Puedes contactar con CEDRO a través de la web www.conlicencia.com o por teléfono en el 91 702 19 70 / 93 272 04 47.